Une quête, des souvenirs, du vent frais,

Très belle lecture,

Louise

H
D'A

COLLECTION « LITTÉRATURES »

Nina Almberg · *La Dernière Amazone*
· *Pour Suzanne*

Thierry Brun · *Origine Paradis*

Mehdi Charef · *Rue des Pâquerettes*
· *Vivants*
· *La Cité de mon père*
· *La Lumière de ma mère*
· *Le Harki de Meriem*

Collectif · *Braquer une banque avec un pistolet à eau*

Collectif Piment · *Le Dérangeur*

Adèle Gascuel · *Les Nouveaux Venus*

Paulo Higgins · *Vous vouliez ma chaleur, vous aurez mon feu*

Tassadit Imache · *Fini d'écrire !*
· *Le Voyage empêché*
· *Une fille sans histoire*

Catherine Laurent · *La Possibilité d'un enfant*

Bruno Le Dantec · *Et mon père un oiseau ?*

Agnès Mascarou · *Laisse tomber la nuit*

Louise Morel · *Ressource humaine*

Trevor Noah · *Trop noir, trop blanc*

Erika Nomeni · *L'Amour de nous-mêmes*

Daphné Ticrizenis · *Autrices,*
tome 1 (Moyen Âge - XVIIe siècle)
et tome 2 (XVIII et XIXe siècles)

Émilie Tôn · *Des rêves d'or et d'acier*

Dali Misha Touré · *Cicatrices*

Elsa Vallot · *Le corps le sang la rage*

COLLECTION « FAITS ET IDÉES »

Sara Ahmed	· *Vivre une vie féministe*
Victoria Berni-André	· *Vivant·es et dignes*
Jacques Bouveresse	· *Les Premiers Jours de l'inhumanité* · *Les Foudres de Nietzsche et l'aveuglement des disciples* · *La Passion de l'exactitude*
Arthur Brault-Moreau	· *Le Syndrome du patron de gauche*
Collectif	· *Notre corps, nous-mêmes*
Collectif	· *Solidarité forever*
Collectif	· *Anthologie de la pensée noire*
Collectif	· *Nos enfants, nous-mêmes*
Hendrik Davi	· *Le capital, c'est nous*
Adeline De Lépinay	· *Organisons-nous !*
Magali Della Sudda	· *Les Nouvelles Femmes de droite*
Quentin Delval	· *Comment devenir moins con en dix étapes*
Elvire Duvelle-Charles	· *Féminisme et réseaux sociaux*
Alexandra Frénod, Caroline Guibet-Lafaye	· *On ne va pas y aller avec des fleurs*
Mariame Kaba	· *En attendant qu'on se libère*
Hanane Karimi	· *Les femmes musulmanes ne sont-elles pas des femmes ?*
Margaux Mazellier	· *Marseille trop puissante*
Julian Mischi	· *Le Parti des communistes*
Louise Morel	· *Comment devenir lesbienne en dix étapes*
Louise Mottier	· *Les Conquérants*
Marion Olharan Lagan	· *Patriartech*
Jennifer Yezid (avec Asya Djoulaït et Sami Ouchane)	· *Malika*
Clara Zetkin	· *Je veux me battre partout où il y a de la vie*

BÂTIMENT BABINSKI

Convaincu·es que l'écriture inclusive pose des questions essentielles mais n'y apporte pas encore de réponses pleinement satisfaisantes, nous avons choisi pour chaque livre publié, en accord avec son auteur·rice et selon l'avancée des débats en cours, des solutions adaptées au sujet abordé et au public visé.

Afin de contribuer à rendre plus lisible la structuration de l'édition en France, lorsqu'une maison d'édition citée dans nos livres dépend d'un groupe, nous le précisons entre parenthèses à la première occurrence – sous réserve des rachats en cours.

L'écriture de ce livre a bénéficié d'une bourse d'écriture délivrée par le Centre national du livre.

Couverture
r2 | Katja van Ravenstein

Conception graphique
Margot Bouvet

Mise en page et relecture
Camille Enrici

Édition
Marie Hermann

Photographie de couverture
© Anne Mottier-Lesaulnier

42, rue Saint-Saëns 13001 Marseille
www.horsdatteinte.org

1re impression

ISBN : 978-2-38257-197-2
ISSN : 2677-8017

BÂTIMENT BABINSKI

Louise Mottier

À mes parents

Les souvenirs sont des augures. On les place au commencement, on y retourne parce qu'ils nous disent quelque chose de ce que nous sommes devenus ; on ne les invente pas tout à fait, on les triture inconsciemment, on les transforme, on les malmène pour qu'ils deviennent des bribes de miroir réfléchissant notre moi futur, notre existence à venir.

Anne Dufourmantelle, *Éloge du risque*

Ce projet d'écriture [...] est devenu le texte impossible à repousser, celui qui, non écrit, constituerait quelque part une faillite, la porte devant laquelle je serais restée toute ma vie sans la pousser.

Annie Ernaux, *L'Atelier noir*

Il marche, il marche sur cette avenue avec l'enfant devant lui lorsque son cerveau disjoncte, l'attaque par surprise, des éclairs perforent son crâne, de fulgurantes décharges électriques l'assaillent, ses jambes ne le portent plus et il pousse un cri, ordonne à sa zone de Broca, maîtresse de parole et de langage, de le faire hurler plus fort pour que le petit entende et se retourne mais l'hyperactivité des neurones est trop forte, son corps n'est plus qu'une cascade de spasmes et il s'effondre vers l'arrière, sa tête heurtant le sol.

Il reste là, inanimé.

Patient victime d'un malaise avec perte de connaissance et chute de sa hauteur occasionnant un traumatisme crânien grave. Aucun déficit moteur n'est retrouvé par les médecins du Samu.

Le scanner cérébral révèle l'existence d'un hématome sous-dural aigu droit avec un effet de masse sur les structures médianes. Une hémorragie sous-arachnoïdienne sylvienne et frontale droite, un hématome rétro-orbitaire droit et une fracture de l'occiput et de l'ethmoïde sont retrouvés. Le reste des grandes fonctions de l'organisme est sans particularité.

Papa est tombé.

Quand ta mère prononce ces trois mots de pierre, d'une voix calme mais soucieuse, tu as dix ans, ton grand frère treize, ta petite sœur quatre.

Tu es en CM2 B, tu mesures un mètre trente-quatre.

Cette année est la première où tu te tiens debout sur la photo de classe, enfin assez grande pour te jucher sur le banc à l'arrière. Tu étais longtemps restée la minus du tout premier rang, assise en tailleur, les bras tendus avec les mains sur les genoux.

Il y avait sport le jour du cliché et, devant la mosaïque du préau qui fait office de toile de fond, tous les élèves sont chaussés de baskets, vêtus de survêtements de toutes les couleurs.

Tu portes un T-shirt bleu ciel un peu large qui tombe jusqu'au pli de tes coudes, que tu as probablement piqué à ton frère. Tes mains se rejoignent derrière ton dos et tu relèves le menton bien haut, comme pour te hisser davantage.

Le plus souvent, tu portes des baskets à scratchs, des leggings colorés, des bracelets en plastique. Ta peau est claire, déjà parsemée de nombreux grains de beauté. Des taches de rousseur s'agglutinent sur tes épaules, tes pommettes et ton nez, tes clavicules. Selon la position du soleil, la couleur de tes yeux oscille entre le vert bruyère et le marron écorce.

Tu changes souvent d'amoureux, parfois tu en as même plusieurs. Tu leur écris des cartes postales, les choisis dans ton équipe au sport. Tu passes tes récréations à jouer aux billes, au ballon, à attrape-filles ou attrape-garçons, et même à « attrape-mixte ». Jusqu'à ce que la sonnerie retentisse, tu cavales, vive et heureuse, tu découvres ton corps flexible, utile. Bras maigrelets, jambes fluettes, tu aimes courir, vite de préférence.

Après quoi tu cours, tu ne le sais pas vraiment.

Tu voudrais te faire percer les oreilles mais tes parents ne sont pas d'accord, ils voudraient que tu attendes au moins ton entrée en sixième, ils trouvent que ça fait vulgaire. Ils utilisent ce mot régulièrement, à propos du maquillage ou du fait de mâcher du chewing-gum la bouche ouverte. Autant dire que tu n'oses même pas leur parler d'un bijou suspendu à ton nombril, comme les danseuses à la télé… En attendant, tes copines te prêtent leurs boucles d'oreilles à clips : tu les enfiles le matin, à peine arrivée dans la cour, triomphante. En échange tu leur apportes tes livres, *J'aime lire*, *Fantômette* ou *Le Club des cinq*. Ta manigance est invisible puisque chez toi, les étagères débordent.

Les livres t'emportent. Tu as toujours connu ça, des livres dans chaque pièce exceptée la salle de bains : sur la table basse, entre des boîtes de thé ou tout autour des lits comme des petits génies qui protègent des mauvais rêves. Ils sont un liant dans votre vie, échangés aux anniversaires ou à Noël. Tes parents croient aux livres et en leur pouvoir, comme toi.

L'école, tu adores ça : tu es bonne élève sans faire trop d'efforts, limite fayotte. Tes bulletins de notes te disent de poursuivre ainsi et tu t'exécutes, pour pouvoir choisir *ce que tu feras plus tard*.

Tes parents travaillent tous les deux. Ta mère est institutrice – professeure – pour des plus grands que toi. Elle porte des chaussures plates comme pour aller plus vite, des pulls tout doux contre lesquels tu te serres. Tu n'as jamais trop compris le métier de ton père, tu l'imagines taper sur le clavier d'un ordinateur dans une tour plus haute que votre immeuble. Tes céréales baignent encore dans leur lait quand il part le matin, en costume sombre, avec à la main une mystérieuse mallette que tu n'as jamais osé ouvrir. Il rentre quand la nuit tombe, il t'arrive de penser que c'est un agent secret.

Tu ne le sais pas encore, mais rien ne destinait vraiment tes parents à se croiser un jour. Ils sont entrés dans leurs vies respectives comme d'autres entrent dans un musée : avec une curiosité discrète, chuchotant pour demander leur route, en déambulant lentement, s'immobilisant pour contempler et apprécier ce qui se trouvait devant eux, pour ne réaliser qu'en sortant que ce moment allait changer le cours de leur vie.

Au moment où tes parents naissent, Bob Dylan chante avec son harmonica qu'il vaut mieux nager plutôt que de couler comme une pierre, *you better start swimmin' or you'll sink like a stone*. Leurs pères sont rentrés de la guerre d'Algérie sans en dire un mot, leurs mères ont à peine entendu parler de la pilule contraceptive. Ta mère à toi grandit en banlieue parisienne, fille unique, ton père dans le bocage normand, avec un petit frère.

Ils se rencontrent grâce à une très bonne amie de ta mère.

Alors que ta mère termine son cursus en études germaniques à Paris, ton père s'installe sur un campus universitaire dans l'Est de la France, que cette amie de ta mère intègre également. C'est comme ça qu'ils se rencontrent :

ta mère rend visite à son amie un week-end d'automne ; un dîner rassemble plusieurs étudiants, auquel ton père est invité ; tout commence alors entre eux.

Tes parents se rencontrent et se trouvent, ils n'ont pas vingt-cinq ans et ils s'aiment dans des trains, monopolisent les téléphones fixes récemment installés, s'écrivent des lettres et recopient des poèmes jusqu'à en avoir mal au poignet. Ils s'envoient des cassettes enregistrées dans lesquelles ils se lisent à voix haute des passages de livres ou enregistrent des chansons. En ouvrant la boîte aux lettres, ta grand-mère questionne sa fille, mais qu'est-ce que c'est que tout ce courrier, c'est pour tes études ?

Ta mère te raconte aujourd'hui que tout est allé très vite : c'était un coup de foudre, elle ne le verbalise pas autrement. Quatre années après leur rencontre, ils se marient et ne l'annoncent à leurs amis que quelques semaines après, lors d'une plus grande fête. Sur la photographie prise à l'intérieur de la mairie, il y a juste tes grands-parents, le frère de ton père et les témoins. Les cheveux bruns de ta mère sont déjà coupés à la garçonne, elle porte un ensemble de tailleur rose clair avec un chemisier blanc et des bijoux discrets posés sur sa peau de pêche. Ton père arbore un costume gris foncé qui contraste avec son teint jeune et clair ; un nœud papillon rouge. Quant à tes grands-parents, on aurait pu croire que c'étaient eux qui se mariaient : tes grand-mères ont de larges chapeaux de plumes et de fleurs, tes grands-pères, un assortiment de foulards et de complets très distingués.

Leurs études terminées, tes parents trouvent un travail dans la capitale, où ils décident de s'installer. Ils se sont dit assez vite qu'ils voulaient des enfants : un premier garçon arrive, ses cheveux sont d'un blond presque blanc. Trois étés après, c'est ton tour. Et alors que tu apprends à lire arrive la petite dernière, qui porte les yeux bleu-gris de la mer et de ton grand-père.

L'appartement de banlieue où tu grandis est vaste et lumineux. Tout y est coloré, il y a du blanc et du rouge sur les murs, des cadres de bois qui entourent des peintures.

Les quatre chambres sont disposées le long d'un couloir. La seule à n'être ni en face, ni accolée à celle de tes parents, c'est la tienne. Barrière de neutralité. C'est toi qu'ils entendent le moins.

Sur l'ordinateur installé dans l'entrée, tu joues aux Sims, à Cossacks et à Zoo Tycoon. Tu écoutes les CD de P!nk et d'Amel Bent, danses sur *Le Roi Soleil*, les Pussycat Dolls et *Summertime love* de Sabrina. Tu lis, mais surtout tu écris, dans des carnets qui se ferment avec de vrais cadenas. Plus d'une fois, tu as perdu la clé, mais tu as vite compris que le mécanisme s'ouvrait aussi avec une barrette – tu t'es alors demandé si ton frère t'avait lue, et tu lui as fait jurer-cracher que non. Dedans, tu racontes tes journées en commençant par « Cher journal », virgule, avec dans l'angle de la page des soleils ou des nuages selon ton humeur. Tu y inscris des prénoms dans des cœurs, d'abord grands et roses puis sombres et raturés, recopies méticuleusement des paroles de chansons, finis chaque page par « À demain ! ».

Durant les vacances scolaires, votre adelphie s'en va en colonie de vacances ou chez les grands-parents. L'été, vous partez en famille dans un petit gîte abrité dans les Côtes d'Armor.

Ton père conduit, ta mère déplie les cartes Michelin ; à l'arrière, vous chantez tous les trois les fabulettes d'Anne Sylvestre, jouez à « Devine à quoi je pense » et à qui criera en premier qu'il a vu la mer. Vous cabriolez sur la plage, construisez de gigantesques forteresses et des circuits de billes. Ton père prend des photos et, juste le temps de l'été, ta mère laisse ses cheveux pousser. Vous vivez vite, en grand : les vagues vous aspirent et vous vous étalez dedans. Vous n'avez jamais froid.

Tu vois tes parents s'embrasser en écoutant *Jardin d'hiver* d'Henri Salvador, entrelacer leurs doigts sur les mots de Barbara. Tu n'as jamais entendu une seule dispute.

De toute façon, chez toi, on parle très bas. Peu de débordements, de pertes de contrôle, d'excès. De la musique tapisse l'espace sonore et les voix sont calmes. Elles portent, même quand elles chuchotent. Adulte, on te le fera remarquer : tu parles bas, au point que parfois, on ne t'entend pas.

Tes parents viennent de célébrer leur quinzième anniversaire de mariage. Ton enfance est heureuse et paisible, tu attrapes le soleil à pleins bras. Tu n'as pas encore la moindre idée du bruit que font le drame et la mort quand ils fracturent la porte d'entrée.

Alors quand le chaos survient ce jour-là et que son horreur vient engloutir votre paix, personne n'y est préparé. Ton père s'effondre sur ce trottoir sous les yeux paralysés de ton frère, et ce qui sera désormais désigné par *l'accident de Papa* dans votre lexique familial bouleverse l'intégralité des équilibres minutieusement construits. Il vous confronte à la mort possible, jamais envisagée jusqu'ici, d'un amour et d'un père ; il vous pousse vers une attente subie, une impuissance face aux événements, une ignorance des enjeux médicaux. Ce jour-là devient le genre de dates dont toute ta famille et toi vous souvenez précisément, avec le temps qu'il faisait, où vous étiez.

L'événement survient et se répand dans les corps, les esprits, les cœurs. Il tâche vos vies comme du cambouis.

PREMIÈRE PARTIE

Cela fait plusieurs années que tu es installée près de cette mer dont on dit à tort qu'elle ne connaît pas de marées. Dès que tu as eu l'âge et les moyens de choisir où tu vivrais, tu es partie en quête d'un lieu à toi. Tu as beaucoup déménagé, pour les études, pour le travail, pour le vide et le nouveau. À l'abri dans ces quelques villes où le vent fait tinter des mâts de bateaux, tu as choisi le métier de travailleuse sociale, où plusieurs verbes d'action et d'état se côtoient : accompagner, guider, soutenir, et le plus souvent simplement être là, demander comment ça va. Les vies que tu croises sont parfois cabossées, souvent invisibles, mais elles existent devant toi et c'est tout ce qui compte.

Tu n'as jamais arrêté d'écrire, c'est ainsi que tu te persuades que tu te souviendras de tout.

Petite, tu adorais les dictées et les rédactions, que tu voulais les plus longues possibles. Tu écrivais au stylo plume, dont tu remplaçais la cartouche d'encre avec un grand plaisir, et tu détestais utiliser un effaceur parce que ça bavait : tu visais une calligraphie irréprochable, respectant scrupuleusement les interlignes des cahiers, grandissant tes f et tes l jusqu'au troisième trait, tes d et tes t jusqu'au deuxième.

Désormais tu remplis des cahiers aux couvertures colorées qui se suivent et s'empilent, dont le creux de la couverture porte un numéro et des dates. Dans tes tiroirs, des carnets de voyage, des recueils de rêves et de cauchemars, des listes d'envies et des lettres. Tu continues d'envoyer des cartes postales et des déclarations d'amour, fais imprimer des photographies.

Au réveil, tu as pour habitude d'écrire tes rêves sur un carnet toujours posé à côté de ton oreiller, c'est ton premier réflexe quand tu émerges.

Tu te rappelles ton grand-père directeur d'école, qui surveillait scrupuleusement tes devoirs et disait qu'on abîme ses jolis yeux si on écrit de trop près : il fallait toujours qu'un double décimètre sépare tes yeux de la feuille posée sur la table. C'était le genre d'homme qui lisait un crayon de bois à la main en quête de la moindre erreur d'orthographe, connaissait entièrement le Bescherelle mais aussi les dates de règne de tous les rois de France et de Navarre, et répondait à l'intégralité des questions des émissions de culture générale. Comme l'écume en plein soleil, son visage rayonnait quand vous lui racontiez vos journées d'école.

Juste pour vous trois, il a confectionné un vrai livre à la couverture cartonnée, avec des dessins colorés : une histoire de pêcheur, de bateau, d'une tempête menaçant un petit port breton. À force de l'entendre te la raconter, tu la connaissais par cœur.

En vérité, c'est à lui que tu dois ton amour de l'écriture et le besoin qu'il fasse partie de ton quotidien. Au-delà de la peur d'oublier, si tu n'écris pas un événement, une émotion ou une conversation, tu as parfois l'impression d'en avoir manqué une partie.

Tes écrits se parlent entre eux, mènent à d'autres écrits comme des courants, te font respirer en surface avant de te diriger vers d'autres terres. Tu les traverses, comme des paysages au sein desquels tu te déplies. Au fond, peut-être que c'est une façon pour toi de ne pas couler.

La voiture roule vers la presqu'île, bout de péninsule où l'eau et la roche ont fait match nul. Assise côté passager, tu découvres ce paysage nouveau. Dans l'habitacle un chat se promène, il ne supporte pas la cage de transport alors il s'intercale maladroitement entre les sacs posés à l'arrière, les virages le déstabilisent, il miaule et gémit.

Entre la fin de la départementale et le début de la route du Sel, avec la mer filant tout autour, tu t'es lancée, ton barrage a cédé. On t'a demandé ce que tu voulais faire. Regardant droit devant toi, tu as jeté ça comme ça, tes phrases comme des averses les unes après les autres, *eh bien j'ai une chose en tête depuis un bout de temps, quand j'étais petite mon père est tombé dans la rue, les médecins n'ont pas bien su pourquoi, il est resté longtemps dans le coma, on a cru qu'il allait mourir, et il s'en est sorti alors que tout le monde le pensait mort, ou légume pour la vie, ça non plus les médecins ne l'ont pas bien compris.*

Tu interromps ta pluie.

Peut-être qu'il est temps que j'éclaire un peu tout ça, tu as fini.

Tes yeux fixent ce couloir d'asphalte entouré d'eau, c'est comme si ces mots déposaient la première pièce du puzzle que tu t'apprêtes à reconstituer. Plus tard, la face tournée vers le ciel et le corps ondoyant dans l'eau lisse et glacée de l'hiver, tu te dis que cette histoire, aussi floue qu'elle soit pour le moment, n'est peut-être pas uniquement celle de tes parents.

Tenace, cette idée tente de se faire une place dans ton cerveau à coups d'images qui reviennent et de livres qui t'y font penser. Tu as bien essayé de la repousser mais elle est toujours revenue. Tu pensais parfois que tu devrais écrire *là-dessus*, d'autres fois que ça demanderait beaucoup de temps et d'énergie. Tu as longtemps fui, naviguant entre la certitude qu'un jour, quand tu aurais le temps, tu le ferais ; et la peur de brandir ce rétroviseur vers une période méconnue.

Seulement, tu accordes de l'importance à ce que tu identifies comme des signes. Quelques saisons plus tard, un matin de fin d'hiver, tu es déjà en retard pour aller travailler quand une voiture te percute et t'envoie valdinguer dans le décor.

Tu n'as pas encore trente ans. Le souvenir de l'accident de ton père est quasiment inexistant, tu pourrais presque dire, sans honte, que ça ne t'intéresse pas.

Le conducteur n'arrive pas très vite, il sort d'un garage et s'engage sur la route, volant braqué à gauche. Tu pédales à contre-sens, en descente, rapidement. Quand le choc a lieu et que le véhicule te projette au milieu du boulevard comme une boule de papier hors d'une sarbacane, ta hanche, ton bras, ton épaule heurtent le goudron. Deux voitures déboulent pleine balle dans ta direction : tu te vois mourir. Dans un mélange d'adrénaline et de sidération, tu te relèves, agrippes de tes mains tremblantes le guidon tordu et te réfugies sur le trottoir, ahurie. Tu n'as jamais retrouvé le conducteur.

Comme un avertissement à l'urgence de vivre, il t'aura fallu attendre une cheville foulée, des cervicales tordues et un long arrêt de travail pour tout déclencher.

Tu aimerais retrouver des photographies de cette bâtisse à l'époque où tes parents y pénètrent pour la première fois, quelques années après l'accident. Ils ont passé de si nombreux étés entre les Côtes-d'Armor et les îles du Morbihan ; ils se dirigent désormais vers le Finistère. C'est leur rêve à eux : se trouver un refuge pour les vacances et les trêves, la retraite et le plus tard.

C'est une maison de plain-pied, qui fait face aux marées. Seuls les murs ne semblent pas avoir été marqués par le temps. Le crépi est gris, abîmé par le sel et les rafales. La porte d'entrée ne ferme plus ; à l'intérieur le parquet grince et l'escalier brun sombre, massif, qui s'enroule vers les étages apparaît comme l'unique garant de cet équilibre hasardeux. Au fond du jardinet, un cabanon au toit de tuiles incarnates tient à peine debout. Des hirondelles et des rouges-gorges s'échappent de ses lucarnes brisées.

Tout, ou presque, est à faire. Mais cette maison est peut-être le début, le souffle du temps et de la résilience : à vrai dire, tes parents ne réfléchissent pas très longtemps. Certes, c'est vraiment au bout du monde, mais l'océan est tout proche. Les jours de ciel clair, une île apparaît au loin. Les marées sont furibondes, le sable est blanc à faire plisser les yeux.

Au fil des années, tes parents passent le plus de saisons possible dans ce mélange de rugueux et de lisse, y consacrent tout leur temps libre. Ils ouvrent les fenêtres, jettent les rideaux, font entrer la lumière ; sèment des plantes, peignent des murs, montent des meubles ; accrochent aux branches des boules de graisse pour les mésanges, remplissent des écuelles d'eau et de lait pour les chats vagabonds. À grands coups de plâtre et d'enduit, peut-être qu'ils se réparent eux-mêmes aussi.

C'est le genre de lieux imprégnés d'une odeur particulière quand on y entre après un long moment, ici on ne dirait pas que cela sent le renfermé, c'est plutôt un mélange de frais et de salin, d'osier – les fauteuils – et de bois – l'escalier en hêtre. Les marches en sont bruyantes, lourdes ; les portes claquent quand les vasistas sont ouverts, les poignées ovales et blanches sont difficiles à manier par les enfants, les lits sont larges et moelleux, les étagères sentent la lavande.

L'été d'après ton accident de vélo, tu y es seule avec ta mère pendant plusieurs semaines. Voilà des mois que tu cogites : tu t'es dit que c'était un bon moment pour démarrer. Ta mère est ton amie, ta confidente, ta conseillère de vie. Parmi les messages que tu lui envoies, les « Ça va ? » côtoient des « Comment je taille mes orchidées ? » et autres « Est-ce qu'on peut être vraiment sûr que c'est la bonne personne ? ».

Vous avez marché longtemps le long du sentier côtier, jusqu'à ce que le vent sable et sale vos visages et vos cheveux. Pendant que tu tenais un vélo dans chaque main, ta mère a ramassé des bruyères et des pierres. À la plage, la fraîcheur de l'eau vous a saisies, vos doigts et vos orteils joyeusement engourdis. Au-dessus de vos têtes, des cotons d'argent ont tout enveloppé dans un duvet feutrant les cris des mouettes.

En pédalant pour rentrer, vos serviettes accrochées aux guidons, tu t'es demandé comment tu allais bien pouvoir démarrer, trouver le ton juste. Et de quel droit tu remettrais cette histoire sur le tapis ? Toi qui détestes les conflits, qui disparais dès qu'une collision s'annonce. Ton grand-père te disait d'être indulgente, toujours, et le travail social a continué de te mouler comme telle, à toujours chercher comment adoucir les souffrances, résorber les inquiétudes.

Tu ne savais pas trop comment démarrer, alors tu as choisi une question assez vague, une phrase du style tu sais, j'ai repensé un peu à l'accident de Papa, j'aimerais bien que tu m'en parles. Pour ensuite y aller plus franchement, Maman, tu peux me raconter ce qui s'est passé ce jour-là ?

Au fond d'elle, peut-être que ta mère savait qu'un jour, tu voudrais en savoir plus. Elle n'a rien provoqué, elle t'a attendue patiemment, sachant que ça viendrait quand ce serait ton moment.

Assises face à face à la table blanche du salon, un bouquet d'hortensias pourpre entre vous et du thé fumant dans les paumes, elle a regardé par la fenêtre où des gouttes de bruine avaient commencé à dessiner des ruisseaux. Puis, d'une traite, son récit a jailli.

« C'est arrivé le premier jour des vacances de Noël. Quand j'y repense, heureusement qu'on était à Paris. »

« Papa est tombé », elle vous a dit.

Alors qu'elle est assise dans le wagon aux sièges en tissu violet, dont certains subsistent encore dans les rames les plus anciennes du RER B, le portable de ta mère vibre et affiche un numéro inconnu. Elle n'entend pas bien, n'identifie pas tout de suite ton frère aîné, sa voix est hachée, extrêmement émue. Il demande où elle est, il est arrivé quelque chose, il y a les pompiers, il faut que tu viennes vite, et cette dernière phrase, qui continue de résonner en elle en un terrible écho, *Papa est tombé*.

Sur le moment elle ne saisit pas, pense à une cheville tordue, à un petit malaise. Vos deux paires d'yeux la regardent et elle répète mécaniquement les trois mots que ton frère a toussé. Toutes les trois, vous vous extirpez maladroitement du carré de places assises et sortez de la rame pour émerger de la station Luxembourg, rue de l'Abbé-de-l'Épée. Ta mère vous tient chacune par une main, une brise glaciale vous saisit, le ciel blanc d'hiver vous éblouit.

Le véhicule rouge est au bout de la voie, qu'il bloque au niveau du croisement avec la rue Saint-Jacques. Rapidement ta mère s'avance, cherche son plus grand enfant du regard, le trouve : il est assis, un pompier accroupi à côté de lui. Leurs regards s'attrapent et ton frère bondit sur elle, elle sent ses petites joues tièdes, deux fleuves en crue. Sa main caresse les épis dorés, je suis là mon grand, explique-moi, tu l'entends lui souffler. Un sapeur-pompier s'approche, demande qui elle est. « C'est moi », elle voudrait répondre, tout bêtement. Est-ce que votre mari a des antécédents médicaux particuliers, épileptiques par exemple ? Elle ne sait même pas vraiment ce que ça signifie, n'a quasiment jamais entendu ce mot. Non, elle dirait que non, il a toujours été en bonne santé, bien qu'elle l'ait trouvé un peu tendu ces derniers temps, certainement son nouveau poste. Les portes arrière du camion sont entrouvertes. Elle pivote, tord la tête, tente d'y voir quelque chose sans trop savoir quoi rechercher. Où sont les enfants ? Un, deux, trois, elle les recompte comme si elle avait une classe, n'a d'ores et déjà plus aucune idée de l'heure qu'il est ni du temps qu'il fait.

Devant le camion qui ne bouge ni ne sonne, le même pompier lui suggère de s'asseoir, dans un café par exemple, parce que ça risque d'être long madame, le temps de contacter l'hôpital de garde ce week-end, de leur demander s'ils ont de la place. Il souffle, lui adresse des mots qu'elle n'entend pas vraiment, qui forment un embouteillage à l'entrée de son esprit, traumatisme crânien grave, coma, hémorragie, urgences de neurochirurgie. Le choc la rend sourde. Elle obéit mécaniquement, s'affaisse sans trop réfléchir dans le bistrot d'en face, y commande des tartes et des sirops pour les enfants. Ton frère qui a tout vu est défait. Ta sœur et toi demeurez calmes et muettes. Le temps qui s'écoule fait un drôle de bruit, celui des pas pesants des secouristes avec leurs Rangers noires qui claquent sur le bitume. Il s'ajoute au moteur du véhicule qui tourne, aux cliquetis de la vaisselle derrière le comptoir, aux pièces de monnaie qui tintent dans le bocal à pourboires.

« L'hôpital vient de confirmer, ils ont une place. Il faudrait que quelqu'un vienne chercher vos enfants, vous n'allez pas pouvoir les emmener. »

C'est le même pompier qui revient lui parler. Elle voudrait qu'il lui explique vraiment ce qui se passe, qu'il arrête de tourner autour du pot en lui disant quoi faire avec les gosses, elle ne comprend pas, pourquoi ils ne pourraient pas venir avec elle ?

Il est surpris de sa question. *Madame, là où on va, ce n'est pas un endroit pour les enfants.*

Le véhicule des secours décampe toutes sirènes allumées, ses roues déchirent les flaques de l'averse passée. Sur une autre planète, elle vous confie à une amie venue à la rescousse, puis se hisse dans le bus qui descend le boulevard de Port-Royal et entre dans l'hôpital par le côté proche de la gare d'Austerlitz. En pleine après-midi, la voilà dans une sorte d'entresol aux murs jaune poussin, un sas séparant la rue des chambres des patients. Elle comprend que c'est par là qu'arrivent les secours. Elle n'a pas l'habitude des hôpitaux. Pour elle, ils symbolisent la naissance des enfants, voire quelques frayeurs lors des premières nuits de pleurs.

Elle attend. Et elle a froid.

Des gens vont et viennent, femmes, hommes, patients, proches, soignants. Elle ne distingue pas ce qu'ils disent, leurs visages sont graves ou souriants, neutres. Tout au fond des poches de son manteau, elle frotte ses doigts gelés. S'agrippe à son portable et voudrait faire sonner celui de ton père, juste pour entendre sa messagerie expéditive, presque froide, avec sa voix qui s'abaisse à la fin : « Allô bonjour, merci de me laisser un message. » Combien de fois l'a-t-elle incité à la changer contre quelque chose de plus joyeux…

Un médecin émerge du fond du sas avec une sorte de grande pochette transparente à la main. Elle se surprend à penser que c'est exactement le genre de choses qu'on voit dans les films quand les gens sont morts. Elle discerne des vêtements pliés, des chaussures aux lacets noués entre eux, une montre. Elle tourne encore, preuve que le présent continue sa course et que tout cela est bien réel. Se tenant debout à côté d'elle, l'homme est longiligne ; elle dirait qu'il a la quarantaine, comme elle. Son regard s'arrête sur ses baskets de course blanches, immaculées. Il est vêtu d'une blouse et d'un pantalon bleu ciel ; ses doigts fins enserrent les lanières du sachet à la légèreté si pesante : ce qu'il transporte est poisseux comme du goudron.

Le médecin la salue et murmure :

« Votre mari est dans le service de neurochirurgie, en coma profond après une chute pour le moment inexpliquée. Pour le moment, je ne peux pas vous dire grand-chose. Il faut attendre que la nuit passe, le laisser se reposer, observer comment le cerveau réagit. Vous pourrez voir votre mari demain. Je vous recevrai, je suis là ce week-end. Elle l'observe sans un mot, incapable de lui répondre. Je m'appelle Adel, c'est possible qu'on se voie pendant un petit temps, ajoute-t-il timidement.

Ta mère reste là, lointaine. Quand elle ressort de ce trou, le ciel est noir.

C'est le premier jour des vacances de Noël.

Ta mère les a prévenus dès sa sortie, c'est à eux seuls qu'elle voulait se confier. L'espace d'un instant, elle aurait voulu redevenir leur unique enfant chérie, qu'ils s'occupent d'elle, la cajolent, lui répètent des phrases rassurantes de parents, ça va aller ma chérie, ce n'est pas grave, ça va passer. Ils savaient que c'était elle qui appelait, son numéro enregistré en contact numéro 1 s'affichait sur l'écran du téléphone fixe. Tu devines leur panique juste après avoir raccroché : ils coupent tout, radio, télé, eau et bonbonne de gaz ; ils ne savent pas quoi mettre dans leur valise ; ils remplissent la glacière avec ce qu'ils ont dans le frigo. Ta grand-mère prévient une de ses sœurs, ils n'ont pas de portable, ne seront pas joignables pendant un moment. Ils ferment leur maison comme s'ils n'allaient jamais revenir, collent des stickers « Attention alarme », bloquent les volets avec des barres de fer. Ton grand-père amasse les outils dans la grange, y gare le tracteur. Heureusement qu'il n'y a plus de bêtes ici depuis bien longtemps, ils n'auraient pas su comment s'en occuper. Leur dernière chienne est morte il y a quelques années. Au pied des arbres du jardin ils laissent de l'eau, du pain, des restes de riz pour les écureuils et les oiseaux. La chatte prête à mettre bas qui niche dans une des tuiles devra se débrouiller sans eux. Ils avertissent les voisins, leur confient leurs clés, leur demandent de passer de temps à autre pour voir s'il y a du courrier. Ils leur expliquent c'est notre fille, enfin notre gendre, il est à l'hôpital, elle est toute seule et il y a les petits, on n'a pas tout compris, c'est possible que ça dure un moment. Vous pourrez le dire au facteur, qu'il ne s'inquiète pas quand il passera ?

Ton grand-père conduit, appliqué, les mains à dix heures dix, saisissant de temps à autre les doigts de ta grand-mère pour les presser affectueusement. Sur le chemin, ils s'arrêtent dans une grande surface : chaque fois qu'ils vous rendent visite, ils ont un réflexe de ceux qui ont vécu les guerres et les privations, ils remplissent vos placards de nourriture, sourds aux soupirs de ta mère qui a fini par abandonner ce combat. Mais c'est tout de même particulier, qu'est-ce qu'on peut bien acheter dans ces moments-là ? Prends ce qui fera plaisir aux enfants. Ça servira toujours, disent-ils bien souvent.

Tes grands-parents ont roulé bien plus vite que d'ordinaire et sont arrivés le soir même. Ils s'installent dans votre appartement, personne ne sait pour combien de temps. De toute façon, il n'y a plus pour ta mère aucune forme de temporalité, ni présente ni passée, ni suspendue ni arrêtée. Elle leur refait le grand lit, s'installe dans le salon – le matin, elle rangera matelas et couvertures derrière le canapé, que les enfants ne s'inquiètent pas trop, ne posent pas de questions.

Il n'y a qu'elle qui verra tout.

Tu as déniché son adresse mail dans l'annuaire des personnels hospitaliers : ta mère se souvenait bien du nom de celui « qui a sauvé Papa », comme elle l'appelle parfois.

Tu ouvres les fenêtres pour humer l'air de la nuit. Le mistral est léger et déjà chaud. Les jambes pendantes à travers la rambarde du balcon, tu comptes jusqu'à trois, cliques sur *Envoyer*. Tu soupires en rabattant l'écran, retournes te recroqueviller sous les draps frais. « Vous souvenez-vous ? », lui as-tu demandé. Tu n'es même pas certaine qu'il répondra, tu ne sais pas s'il exerce encore là-bas.

En début d'après-midi, un numéro commençant par 01 s'affiche sur l'écran de ton téléphone, avec la mention « Paris » sous les chiffres. Ton ventre se serre. Il fait soudain très chaud.

Jamais tu n'aurais pensé qu'il t'appellerait le jour même, bonjour, c'est Adel, le médecin réanimateur, j'ai bien reçu votre mail.

L'objet (« Ancien patient – Nouvelles ? ») l'a tout de suite intrigué, puis il a été bien surpris par cette demande : ça n'arrive pas souvent qu'on lui écrive comme ça, tant d'années après. Il en a parlé à sa secrétaire, c'est elle qui lui a dit de répondre. Puis il t'a demandé en riant, quand même, vous croyez vraiment que je me rappelle tous mes patients ?

À l'autre bout du fil, il a senti ta voix frêle.

« Vous avez de la chance, a-t-il fini par te dire. Votre père, je m'en souviens très bien. De toute ma carrière, je n'en ai vu qu'un comme lui. Vous n'avez qu'à venir me voir à Paris. »

Tu n'as soudain plus du tout la tête au travail, ton idée se fixe et t'imprègne peu à peu. Tu réfléchis aux aspects logistiques, quand y aller, combien de temps, qu'emporter, que rechercher, quelles questions poser ? Le soir même, tu regardes un film dont le personnage principal est un médecin, il t'émeut.

Terrorisée, tu achètes un billet de train puis tu sors dans la nuit. Le ciel est bleu foncé, le vrombissement d'un hélicoptère se mêle aux cris de gabians agités. Le vent transporte une odeur de port et d'alcool coulant sur l'asphalte, et tu te sens que tu plonges dans un de ces moments où on décide de comprendre d'où on vient.

Tu te détestes. Tu savais bien que tu n'aurais pas l'énergie pour des Get-vodka, surtout avant un voyage à l'aube. Dans le wagon tout tourne autour de toi. Figée entre deux voitures, tu colles ton visage sur la vitre, inspires longuement. Les arbres qui défilent ressemblent à des algues molles, le ciel est si blanc que tes yeux brûlent. T'as craqué ma grande, tu te dis, et derrière toi un homme te demande : « Tout va bien, mademoiselle ? »

Chaud et acide, le Get 27 jaillit sur lui comme un geyser. Tu essuies tes lèvres, ramasses ta dignité.

« C'est Madame », tu lui dis.

Plusieurs comprimés plus tard, en plein après-midi, tu traverses le large portail gris foncé de ce lieu immense, qui s'étend comme un village avec ses propres rues et allées. Tu vérifies une énième fois ton téléphone, y relis le message reçu quelques jours auparavant :

Rendez-vous dans le service
Bâtiment Babinski
Neuro-réanimation chirurgicale
Rez-de-chaussée bas

Dans le complexe que forme cet hôpital parisien, tu avances vers un bloc carré de ciment, consacré aux soins de neurologie et aux urgences de neurochirurgie. Tout ce qui touche au cerveau, tout ce qui est grave.

Tu navigues entre excitation et peur, pas très sûre de ta démarche. Tu te glisses dans l'ascenseur, la descente dure à peine quelques secondes : un rez-de-chaussée bas, c'est un demi-étage.

Dans l'entresol, un grand panneau liste les soignants du service ; tu aperçois son prénom sous l'intitulé « anesthésiste-réanimateur », tu te sens au bon endroit.

Tu appuies sur l'interphone pour signaler ta présence, tes doigts agrippant les lanières de ton sac à dos comme si tu tenais un harnais de parachutiste.

Du bout du couloir, la voix d'Adel t'interpelle.

Tu ne sais pas s'il faut lui tendre la main ou garder ta distance.

« Vous ne me reconnaissez pas ? Vous n'avez pas regardé mes vidéos sur YouTube ? Je rigole, je ne suis pas une star, je suis juste docteur… Allez, venez avec moi. »

Tu es venue ici une fois, il y a longtemps. Ce n'est que maintenant que tu t'en rappelles. Cette immense double-porte automatique, ces couloirs aseptisés et ces adultes habillés pareil, avec du rose clair, du blanc et du bleu ciel. Ta mère vous tenait par la main, ta sœur et toi ; ton frère marchait devant. Vous alliez voir Papa.

Son bureau se trouve au fond d'un petit couloir perpendiculaire à ce qui ressemble à l'allée principale du service. Une clé est fichée dans la serrure, Adel t'explique que c'est pour signaler aux collègues qu'il est présent. Il t'invite à entrer, laisse la porte entrouverte au cas où on aurait besoin de lui. À l'intérieur, de larges fenêtres coulissantes laissent distinguer une végétation étonnamment tropicale : des figuiers, des palmiers et un large bananier. Sur les autres murs sont exposés des dessins d'enfants, des portraits peints à l'aquarelle et une photographie d'Adel avec Jacques Chirac, entourant un patient alité. Le lieu est exigu, un peu encombré : un large écran d'ordinateur sur un bureau de hautes armoires remplies d'ouvrages avec des portes vitrées, et même un vélo d'appartement : ça me calme après les urgences, il prend la peine de te préciser.

Tu t'installes dans un angle, croises tes jambes qui t'encombrent, souris timidement en le voyant préparer du thé et reverser plusieurs fois le contenu du verre dans la théière pour laisser infuser le mélange. Ton regard s'arrête sur un petit cadre de bois dans un angle du bureau, une photographie de famille en couleur, récente. Il le montre du doigt :

« Ce sont ma femme et mes enfants. Ils me conseillent souvent, je leur ai même dit que je vous voyais aujourd'hui. Ils se sont demandé comment vous m'aviez retrouvé. »

En vérité, c'était le plus facile, tu songes en silence.

Le médecin s'assied à son tour, fait pivoter sa chaise pour se retrouver entre son bureau et toi, de sorte qu'aucun meuble ne vous sépare. Ses yeux de bronze parcourent l'écran de l'ordinateur, sa main droite fait rouler la souris. Il cherche.

Silencieuse, tu avales une gorgée brûlante en te demandant encore ce que tu es venue chercher ici.

« Le voilà, il lit sur son écran. Ça s'appelle un syndrome de cave supérieure avec une élévation secondaire de la pression intra-crânienne. Je m'en rappelle très bien : c'était la première fois que ça arrivait dans le service. De toute ma carrière, je n'en ai vu qu'un. »

De cette pièce où le terrible a déjà pris place, où les mots ont été méticuleusement choisis pour annoncer la noirceur ou l'espoir, il émane une atmosphère qui te rassure. Tu sens que la vie flotte, fragile, palpable.

Au même moment, dehors, le vent fait danser de jeunes érables. Tu lèves le nez vers leur cime, scrutes le balancement des houppiers.

« Alors, c'est pour ça que vous m'avez écrit ? Vous avez envie de rassembler le puzzle de votre vie ? »

Tu le regardes sans rien dire. Et, s'enfonçant un peu plus dans le creux de son siège, il te demande :

« Vous avez du temps devant vous ? »

La « grande garde » est un calendrier précis élaboré par l'observatoire de neurochirurgie qui désigne sur des périodes de trois jours un hôpital chargé des urgences de ce type, pour accueillir les patients les plus graves. C'est ce qui a permis à Adel et à ton père de se trouver.

Cet après-midi-là, il accourt dès qu'on l'appelle. Le véhicule des pompiers vient d'entrer dans le sas des urgences. Ton père est inconscient, le sang fuit à l'intérieur de son crâne comme d'un tuyau percé, incontrôlable. Adel ordonne aussitôt plusieurs scanners et accompagne ton père au bloc opératoire. On lui pose un cathéter pour drainer le liquide et détendre le cerveau, et une fibre, une sorte de capteur qui mesure la pression à l'intérieur du crâne. Une fois tous ces dispositifs bien en place, Adel l'emmène un étage plus haut, en réanimation. Il faut que le cerveau de ton père se repose.

Il l'installe tout au bout de l'unité, puis rejoint son bureau. Il sort une chemise cartonnée d'un tiroir, ouvre un dossier vierge de prise en charge. Reprenant les informations des sapeurs-pompiers et du Samu, Adel rédige et liste, comme sur le carnet de bord d'un navire, soulignant certains détails :

Patient âgé de 41 ans

Sans antécédents particuliers

Admis en grande garde pour prise en charge d'un traumatisme crânien sévère avec hématome sous-dural aigu

Chute brutale de sa hauteur

Circonstances de la chute :

Accompagné de son fils qui marchait devant lui, donc n'a pas été témoin des secondes précédant la chute ni directement de celle-ci

Son fils a entendu un cri, lorsqu'il s'est retourné, son père était à terre

Épouse + trois enfants : un fils (13 ans), deux filles (10 et 4 ans)

- *Assez évocateur d'une épilepsie*
- *Reprendre l'interrogatoire pour rechercher l'observation de mouvements anormaux*

- *Prévoir un entretien avec le psychologue*
- *Recevoir la famille, la prévenir de la gravité de l'état clinique et de l'engagement du pronostic vital et fonctionnel*

Adel se relit, songeur. *Hématome sous-dural aigu*. Dans ses cours d'université, cela faisait partie de la rubrique des pronostics très sombres. Il sait qu'une prise en charge chirurgicale rapide, dans les trois à quatre heures suivant le traumatisme, est cruciale pour la vie du patient. C'est ce qui a été fait, mais là, il est inquiet.

Après avoir refermé son cahier, il ressort et retrouve ta mère qui attend dans le couloir. Lui tendant les effets de ton père, il lève vers elle une main hésitante, comme pour lui toucher délicatement le coude, qui aurait voulu dire ça va aller. Il arrête son geste avant d'avoir atteint le tissu de son manteau.

« Il vaut mieux que vous rentriez, maintenant. Je m'appelle Adel, c'est possible qu'on se voie pendant un petit temps. »

En découvrant le compte rendu des secouristes, il est resté bloqué sur la date de naissance : ils ont le même âge.

Tes parents ne le savent pas encore, mais Adel est l'un des piliers du service de réanimation de cet hôpital. Ce qui a d'abord représenté un rêve pour sa famille est devenu peu à peu aussi le sien : soigner les gens, défier la mort avec humilité, faire l'équilibriste sur ce fil de sort et d'espoir. C'est un des plus importants services de ce type du pays, il contient près de trente lits. Un accomplissement pour lui.

Au commencement, ce n'est pourtant pas exactement le chemin qu'il avait choisi.

On appelait ce quartier du nord d'Alger la Pointe-Pescade, au bord de mer Méditerranée. Adel y a grandi. Son père est entraîneur de boxe, sa mère élève leurs sept enfants. Adel aime bien l'école, mais surtout le football : il veut devenir ingénieur, pilote de ligne ou gardien de but. Sa mère, elle, désire pour lui un avenir tout autre : aucun de ses enfants n'a encore étudié la médecine, il ferait la fierté de tous.

Le jeune homme finit par s'inscrire à la fac et candidate pour des écoles d'ingénieur et d'informatique à l'étranger. Il se dit que s'il est retenu, il s'en ira.

Adel intègre l'Université des sciences et de la technologie Houari Boumediene à Bab Ezzouar, près d'Alger. Il ne va pas beaucoup en cours : non seulement la médecine ne l'intéresse pas, mais il sait qu'il a un bon dossier et que des universités étrangères vont l'accepter. Tous les jours, il guette le courrier.

Un premier mois s'écoule, puis un deuxième, et l'année se poursuit sans aucun signe des écoles. Adel accumule un retard faramineux, échoue à la plupart de ses examens.

Un soir, en regardant passer des avions au-dessus de sa tête, il se dit que pilote n'était peut-être pas pour lui et que si c'est ce que souhaite sa mère, il sera médecin.

Adel s'enferme. Il dort à peine et étudie, étudie, étudie. Il récupère tous les modules aux rattrapages, sauf un. Sur la feuille punaisée sur un panneau de liège, à droite de son nom il y a un fin trait horizontal, sans note ni commentaire.

Il toque au premier bureau qu'il trouve et interpelle un enseignant, Monsieur je ne comprends pas, il me manque une note. Sans même lever les yeux vers lui, l'enseignant réplique, vous étiez peut-être présent mais vous n'avez pas rendu votre copie, de nombreux étudiants font ça quand ils savent qu'ils auront une trop mauvaise note. Bonnes vacances.

Imperturbable, l'enseignant se lève et s'affaire dans ses tiroirs. Convaincu qu'il peut réussir, Adel ordonne à ses jambes de se tenir bien droites et à sa voix de déclamer :

« Monsieur, j'ai bien travaillé. J'ai rendu ma copie, vous devez la retrouver, la corriger et j'aurai la note que je mérite. C'est mon avenir qui se joue. »

Entre les omoplates d'Adel une lourde goutte de sueur se forme, il la sent glisser lentement des trapèzes vers les lombaires en passant sur son grand dorsal – désormais il sait tout cela parfaitement – et le temps passe.

« Attendez dehors », déclare le professeur.

De l'autre côté de la porte, d'autres étudiants s'approchent. Eux aussi ont vu ce trait qui coupe, tous attendent.

Les minutes s'écoulent, Adel cherche le professeur du regard et n'aperçoit que le haut de son bureau. Il le distingue finalement qui s'extirpe dépeigné et rougeaud, un paquet de feuilles quadrillées à la main.

Désolé, le professeur téléphone à plusieurs confrères.

Quelques heures plus tard, une nouvelle liste est affichée. Adel obtient son dernier module.

Bon an, mal an, il valide ses années les unes après les autres. Quand il lui faut choisir une spécialité, Adel ne sait pas vraiment, bien qu'un mot attise sa curiosité : « réanimation ». Il y voit une résurrection, un moyen de ressusciter, un espoir. Ce n'est pas toujours joyeux, mais c'est encore vivant.

À Alger, il commence son internat à l'hôpital : des patients lui sont confiés, qui deviennent les siens. La force du pronom possessif fait émerger chez le jeune homme un sentiment de responsabilité : il devient le meilleur des internes, arrive tôt et repart tard, toujours désireux de rencontrer des spécialistes pour continuer à se former.

C'est le moment que choisit un médecin et professeur mondialement reconnu, directeur d'un service de néphrologie, pour venir enseigner à la faculté de médecine d'Alger. Adel n'a pas trente ans. La venue de ce professeur représente le couronnement d'une coopération de longue date avec des scientifiques algériens, régulièrement accueillis à Paris. Aux yeux d'Adel, ce savant émérite représente un billet pour l'Europe. Il fait tout pour échanger avec lui.

Sa stratégie porte ses fruits. Au bout de quelques mois, le professeur lui propose de partir exercer à Paris, auprès d'un confrère responsable d'anesthésie-réanimation. Adel achète un aller Alger-Paris un matin de septembre.

Le problème, c'est qu'il n'a pas encore effectué son service militaire obligatoire de deux ans. S'il est pris au contrôle frontalier, il sera déclaré insoumis et jugé par un tribunal militaire. Un ami lui explique que c'est au contrôle aérien que tout se joue, qu'ils vérifient les cartes militaires. Adel finit par rencontrer quelqu'un avec qui il s'accorde : l'agent frontalier qui sera de service le jour de son vol baissera le regard et le laissera passer.

Au cours de l'été, tout s'organise. Mais le dernier mercredi du mois d'août, au matin, une forte explosion survient dans le hall central de l'aéroport d'Alger. Presque en même temps, une bombe explose à l'agence Air France du centre-ville. Les attaques tuent neuf personnes, plus d'une centaine sont blessées. Les équipes d'agents frontaliers sont modifiées et Adel ne peut plus compter sur son passe-droit.

Il lui faut alors prendre un bateau, celui qui va à Marseille en partant du terminal 1 du port maritime. Le matin du départ, face au garde-frontière, il blêmit, craignant une arrestation. L'agent le regarde, fait signe à son collègue et s'exclame :

« Il y a un médecin qui se rend à Paris, quelqu'un pourrait le conduire ? Un médecin, ça peut toujours être utile ! »

Depuis un véhicule arrêté près de la file des passagers piétons, un bras s'élève : « Moi, je vais à Paris ! »

Debout sur le pont, il entame sa traversée – celle de la Méditerranée, mais aussi de sa vie.

Lentement, le jour commence à glisser sur les vitres du bureau d'Adel. Votre théière est vide, dehors le vent s'est calmé. Dans la petite pièce où il t'a accueillie, tes yeux sont fixés sur lui. Tu es assommée par le calme et la précision avec lesquels il te raconte les événements.

« Dans le métier de réanimateur, l'humilité face à la mort est un point crucial. La médecine est capable de faire tellement de choses, peut comprendre et influencer le fonctionnement du corps humain à un point tel, qu'elle peut nous conduire dans une certaine euphorie où tout semble possible. Mais la mort, quand elle survient, nous ramène sur Terre. Chaque soignant a son seuil de tolérance. Votre mère m'a longtemps ému par la lutte qu'elle menait avec elle-même pour ne pas se laisser submerger par ses émotions. Jamais de questions, juste des regards patients et des mots pour votre père, autant qu'elle pouvait. »

À travers les mots du médecin, tu vois ta mère pousser de ses deux mains les lourdes portes battantes et s'éloigner, recroquevillée sur elle-même. Elle est enveloppée dans un long manteau rouge foncé, elle plaque contre sa poitrine le sac en plastique qui contient les affaires de ton père, comme la preuve que tout ça est bien réel. Adel n'avait rien d'autre sous la main.

Tu ne saurais pas dire combien d'heures tu es restée là à écouter la presque-mort de ton père. Adel a terminé son service depuis un moment ; il t'a tout exposé sans filtre. Il te dit aussi que dans son métier, il faut savoir avancer à tâtons, accepter de ne pas tout contrôler, demeurer toujours humble.

Il serre ta main dans la sienne. Plaquant tes affaires contre toi comme ta mère l'a fait avant toi, tu retournes dans le long couloir jaune et bleu lorsqu'Adel réapparaît derrière toi.

« J'espère que je vous ai aidée. Saluez votre père de ma part… Et prenez soin de vous. »

Dehors, le jour descend. Le soleil du soir te donne bizarrement un peu froid.

Dans une petite salle d'attente et d'accueil destinée aux proches, ta mère attend. Une affiche est apposée : *Vous avez un proche hospitalisé dans le service de réanimation. Il est souhaitable que vous apportiez quelques effets personnels de votre proche : crème hydratante pour massage, rasoir à main et mousse à raser, stick à lèvres, savon liquide, eau de Cologne ou parfum, brosse à cheveux, brosse à dents, dentifrice. Aucun vêtement n'est nécessaire.*

Plus bas, elle distingue dans un petit encadré : *Les échanges avec votre proche peuvent être limités mais votre rôle à ses côtés est indispensable : n'hésitez pas à le toucher et à lui parler.*

Obéissant à cette injonction à vivre, elle le fixe depuis qu'elle est revenue à l'hôpital ce matin sans le regarder vraiment. Ses paupières sont closes et son corps à l'horizontale, comme s'il était mort.

En vérité, elle ne le reconnaît pas. Il a trop de pansements, ses yeux ont disparu. Ses épaules lui paraissent soudain si menues, comme son cou, perforé au milieu par un tube jaunâtre qui ressort juste en-dessous de sa pomme d'Adam. Le reste de son long corps est couvert d'un drap bleu clair, tout fin. Elle observe, hagarde. Le bruit des machines l'empêche d'écouter le silence. Elle se demande s'il entend quelque chose.

Elle se dit que ça faisait longtemps qu'ils n'avaient plus dormi côte à côte.

Comme il le lui avait promis, le médecin l'a reçue. Il l'a fait entrer dans une petite salle sur la porte de laquelle un écriteau annonçait *Accueil des familles*, elle sentait que ce n'était pas bon signe. Elle s'est demandé pourquoi ils n'avaient pas écrit autre chose, elle ne voulait pas être accueillie, elle voulait s'enfuir loin d'ici.

Le lieu est meublé sobrement : plusieurs chaises, un canapé étroit, une table basse avec des magazines, des livres et des albums pour enfants. Sur une desserte à l'entrée, une bouilloire, des sachets de thé et de café, des compotes, des biscuits emballés.

Elle a plutôt l'habitude de prendre place dans des salles qu'elle connaît : celle des professeurs, où elle arrive toujours en avance pour boire son café au calme et discuter avec l'agente d'entretien qui finit tout juste de la nettoyer. Celle de sa classe, où les élèves passent et repartent, où elle a disposé les tables en îlots ou en U, parce qu'elle n'aime pas vraiment l'estrade et préfère se déplacer entre les chaises.

Adel s'est assis face à elle, pour la première fois elle a fixé son cou et son visage hâlés, ses fines lunettes. Il a un léger accent, des intonations chantantes. Ses cheveux sombres grisonnent. Elle plonge ensuite son regard dans celui du médecin, pose ses mains sur ses cuisses. Elle attend qu'il démarre, comme on attend une sentence, muette et soucieuse.

Ce regard-là, Adel te dira plus tard qu'il n'oubliera jamais sa couleur.

« Madame, vous savez, l'objectif de la réanimation, ce n'est pas de sauver la vie à tout prix.

C'est de tout faire pour réussir à sortir d'une phase avec un danger vital pour qu'ensuite, le patient reprenne une vie de qualité, qui sera peut-être différente de sa vie d'avant, mais en tout cas, qui sera une vraie vie… Ce n'est pas la vie *coûte que coûte*. »

Elle déglutit, prostrée. Ne pose aucune question, elle ne s'en sent pas capable.

« Depuis quelques jours, vous êtes entrée dans une période à part. Il va falloir que vous soyez solide, parce que le pronostic vital de votre mari est en jeu et que nous émettons des doutes sur son réveil. »

Il clôture. Pour l'heure, ils ont fait le maximum, maintenant il faut attendre ; garder espoir. Il lui demande si elle a bien tout compris, elle ne répond ni oui, ni non. De tout ce qu'il a dit, elle ne retient peut-être que le dernier mot. Il forme comme une bouée, un moyen de respirer.

Elle finit par s'en aller.

On les appelle pygargues, ou « aigles de mer ». Ce sont des oiseaux particuliers : ils ont besoin d'arbres hauts, de forêts à la canopée large, et installent toujours leur nid près d'un lac, d'une zone côtière ou d'une rivière. Ils se posent dos au soleil en fixant les eaux poissonneuses. Leurs serres sont dépourvues de plumes. Lorsque deux spécimens se rencontrent, ils effectuent une parade nuptiale, s'agrippent par les serres puis se laissent tomber en chute libre, pour ne se desserrer qu'au dernier moment, avant de toucher le sol, et remonter dans les airs ensemble. C'est de cette façon qu'ils choisissent leur partenaire pour la vie.

Les ailes des femelles sont plus larges que celles des mâles, elles sont aussi plus grandes et plus puissantes.

Ton aigle de mère déploie les siennes.

Plusieurs jours après – deux ? sept ? quinze ? –, Adel se tient au milieu du couloir, et appelle ta mère pour la recevoir à nouveau. Elle s'avance lentement. Et, dans un mouvement à la fois désespéré et surprenant, une autre femme se lève de sa chaise, droite et impériale. Ta grand-mère paternelle est aussi là.

Ton père est son premier fils. Cela fait bien longtemps qu'il a quitté le nid : depuis, elle se pelotonne dans ses souvenirs, les visites ne sont pas aussi fréquentes qu'elle le souhaiterait. Face à ta mère, aigle fidèle agrippant les serres de son compagnon dans les siennes, ta grand-mère paternelle est une louve pudique et sauvage, protectrice de son enfant.

Ébranlées mais toujours d'aplomb, elles sont deux mères qui ont en commun un nom. Leurs espoirs et leurs inquiétudes se mélangent.

Le jour de la chute, quand ta mère a fini par quitter l'hôpital, elle a vécu comme une épreuve supplémentaire le fait de les appeler eux, ses beaux-parents, sa famille indirecte.

Personne ne l'avait prévenue que répéter les faits, la peur et l'incertitude, était si difficile. Tes grands-parents paternels, recevaient alors des amis à déjeuner, les tasses de café n'étaient pas encore complètement vides quand ta mère leur a jeté une enclume sur les épaules, répétant les mêmes phrases en boucle alors qu'ils collaient leurs joues au combiné, n'arrivant pas à la croire. Il est tombé, je ne sais pas ce qui s'est passé, oui c'est grave, non je ne l'ai pas encore vu. Venez dès que vous pouvez.

Ils sont restés debout, sonnés. Leurs invités ont décampé, puis ils sont arrivés à son chevet en moins d'une heure. Ils ont loué une petite chambre et se sont rendus à l'hôpital le plus souvent possible, chaque fois que c'était autorisé, jusqu'à ce que ton père soit tiré d'affaire.

Lorsqu'il reçoit ensemble ta mère et ta grand-mère, Adel fait de son mieux, leur expose tout calmement, cherche les mots les plus limpides. Il joint ses dix doigts. Ils se trouvent face à une chute, dont l'équipe médicale cherche encore ardemment la cause, qui a provoqué un traumatisme crânien, puis une hémorragie à l'intérieur du crâne. Le coma était inévitable pour faire chuter la pression imposée à ce cerveau qu'il fallait absolument reposer. La gravité du choc, l'impossibilité d'opérer actuellement, le flou quant à la suite et la mort qui se tient là, tapie. Adel fait de son mieux pour répéter qu'on est entrés dans une autre temporalité. Il s'est toujours efforcé de faire du patient le partenaire d'une aventure commune, le long d'un parcours dont il est le seul à connaître les crevasses et les écueils.

Ta mère, ça l'énerve presque qu'une autre femme se lève quand on prononce son nom. Elle n'y voit pas d'animosité, mais la souffrance la rend égoïste, elle voudrait s'accaparer la tristesse et la garder pour elle, que ce soit leur navire à eux seuls.

Au début, ta grand-mère paternelle a parlé de *séquelles*, elle a osé demander de sa toute petite voix *quelles seront les séquelles*, mais c'était presque trop plein d'espoir comme mot, elle l'a vu dans les yeux du médecin, ils se sont ouverts plus largement et ils disaient *on n'en est pas là Madame, là, la question c'est de savoir s'il va survivre*.

Elle se ravise. *Quelles sont les chances*. Adel a très bien entendu la question. Il tente de retrouver d'éventuels cas similaires, n'en trouve aucun. Il n'a pas pour habitude de quantifier les hypothèses, même s'il entend bien que les proches, ceux qui restent, cherchent à s'accrocher à ce qu'ils sont en mesure de saisir, du oui ou du non, est-ce qu'il va s'en sortir, et mettre du concret sur tout cet aléatoire. Ta grand-mère veut savoir. Elle a posé son mot au pluriel. Elle perfore la bulle dans laquelle ta mère est suspendue, ballottée entre le risque et le miracle, les aléas et les coups du sort.

Elle noue encore plus fort sa ceinture de dignité.

Le médecin se sent incapable de quantifier la vie possible. Ce n'est pas en son pouvoir, il n'en a aucune idée. Il pourrait leur dire on fait ce qu'on peut mais on ne sait pas. Leur dire zéro, ce serait renoncer.

Dans un souffle difficile, le regard haut, il lâche :

« Une sur cinq. Mais il en a une. »

Bien plus tard, tu évoques avec tes grands-parents paternels le souvenir de ces semaines d'attente, qu'ils ont passées à se demander s'ils allaient perdre un enfant. Assis face à toi, ils se prennent la main par-dessus la toile cirée de la table du salon, l'événement est pour eux une plaie à vif. Tu déposes des caresses sur leurs doigts ridés, tachetés par les années. Ils tremblent. Ton grand-père te dit seulement, tu sais, c'était très difficile, mais si ça t'intéresse, j'ai noté chaque jour dans mon agenda ce qui se passait. Je ne sais pas pourquoi, je ne l'ai pas jeté. Est-ce que tu voudrais le regarder ?

Tu acquiesces timidement. Ton grand-père se lève et quitte la pièce ; tu entends les roulis d'un tiroir et des mains qui fouillent. Lentement, il revient, se rassied, te tend l'objet. C'est un petit almanach de poche, de ceux qu'offrent certaines marques pour récompenser la fidélité de leurs clients, avec deux pages par semaine et des coins détachables en bas des pages. La calligraphie de ton grand-père est inquiète, l'encre bave parfois et traverse le papier. Sous certaines dates, des mots sont encadrés. Samedi, *chute à 12 h 30*. Mardi, *journée très difficile*. Vendredi, *visite seul à l'hôpital – Mamie a une angine*. Lundi, *rendez-vous médecin réanimateur*. Tu déchiffres de nombreuses fois le nom d'Adel, puis des mots que le médecin t'a répétés, à toi aussi, *scanner*, *œdème*, *pas d'amélioration*.

Tandis que tu manipules l'objet face à eux, ta main libre continue ses caresses sur les leurs. Ils ne parlent pas, leurs yeux sont presque clos. Sur l'agenda, de temps à autre, au milieu du lexique médical, il est mentionné *recharge de téléphone*, ou *déjeuner avec les enfants*. Tu souris. Il arrive aussi qu'il y ait écrit *sieste*.

« C'est quelque chose que ta grand-mère et moi, on n'oubliera jamais. »

Tu n'insistes pas.

Un service de réanimation ressemble à une forêt. L'activité est lente, l'écoulement du temps mystérieux, l'équilibre éphémère, le son maîtrisé. Malgré le monde qui s'y affaire, solidairement, ici le silence ressemble à un bruit blanc. Ses habitants se reposent dans un sommeil soucieux.

Depuis l'accident, ta mère tente de collecter autant d'informations que possible. Les membres du personnel médical, les uns après les autres, – internes, cadres de service, médecins, infirmières –, avec des prismes différents, lui exposent quotidiennement ce qui se passe et ce qui ne se passe pas. Ils élaborent, tentent, essaient à nouveau ou attendent. Ils exercent ces métiers où le silence n'est pas permis : du mieux qu'ils peuvent, ils déposent leurs phrases à plat comme des draps de lits, lissant des deux mains leurs extrémités froissées.

Le jour de Noël approche et ta mère ne sait pas comment y faire face. Elle se dit que les enfants ont besoin d'un peu de magie, que même si ce Noël ne sera pas comme les autres, ne pas le célébrer reviendrait à baisser les bras. Elle essaie de se glisser dans l'habituel en achetant des cadeaux, en cuisinant vos gâteaux préférés. Elle se dit qu'un goûter changera d'un long repas et que, de toute façon, ton frère préfère ne pas être là. Sur la porte de sa chambre, il a collé un écriteau de papier sur lequel il a écrit en lettres rouges et capitales : « Danger ! Ne pas déranger. »

Dans l'appartement illuminé, déguisé plus que de raison – ton grand-père est allé chercher un sapin si haut que l'étoile à son sommet atteint presque le plafond – les adultes versent dans leurs coupes leur liquide mousseux, les verres qui s'entrechoquent émettent un drôle d'écho. Les guirlandes qui scintillent n'empêchent pas que tout semble sombre. Seule ta sœur a l'air imperméable à la morosité. Tandis qu'elle déchire les papiers pailletés, son visage brille, son émerveillement vous maintient vivants. Elle a en elle le pouvoir de l'enfance insouciante, et vous voudriez puisez dedans, sans ménagement.

Quelques jours après le Nouvel An, c'est encore les vacances quand, un soir, ton frère surgit. Pour lui les semaines rampent, lourdes et menaçantes. Ta mère a tenté de le rassurer comme elle le pouvait mais lui a tout vu, était là, se sent si coupable du haut de ses treize ans. Dans ta chambre où il déboule, ses yeux coulent de colère, pourquoi tu ne pleures pas, sa bouche crie tu ne comprends pas qu'il peut mourir, ses mains saisissent tes épaules d'enfant.

Sa culpabilité est un monstre, bien nourri par le temps qui passe et l'absence de réponses.

Ta mère et tes grands-parents accourent, et ouvrent chacun leurs bras vers un enfant. Les places à l'intérieur de la famille se brouillent et s'amalgament, on ne distingue plus bien les ailes qui consolent de celles qui se blottissent.

Vos corps s'efforcent de tenir ensemble pendant que tout le reste menace de s'effondrer.

Assez vite, Adel a d'ailleurs suggéré à ta mère que ton frère, ta sœur et toi alliez consulter le psychologue du service.

Quand elle vous emmène à l'hôpital pour la première fois, dans le RER chacun est dans sa bulle, aucun mot ne traverse l'air comprimé de la rame. Elle vous a prévenus : si vous en avez envie, vous pourrez voir Papa après le rendez-vous, chacun séparément ou tous en même temps. Mais d'abord, c'est important d'aller discuter un peu avec un médecin, qui est là pour ça. Elle vous explique que vous pourrez lui raconter ce que vous voulez. Même des secrets, c'est son métier de les écouter.

Vous rencontrez alors tous les trois cet homme aux cheveux bruns et à l'imposante moustache, à la peau bronzée. Dans la pièce où il vous reçoit, il y a des jouets pour enfants de tous âges, des crayons de couleur, quelques peluches disposées sur un épais tapis en mousse. Aux murs sont affichées des photographies de bateaux et de phares, avec leurs noms écrits dessous.

Dans ta tête, tu lis tout : le phare des Poulains, le phare du cap Fréhel, le phare des Baleines.

Irrépressiblement attirée par les crayons, ta sœur s'installe à une table ; ton frère et toi vous asseyez face au monsieur. Il vous demande comment vous vous sentez, si vous comprenez ce qui se passe, ce qui est en train d'arriver à votre papa. Dans la petite pièce, on n'entend que sa voix.

Tu ne parviens pas à détacher ton regard des photos des phares perdus au milieu des mers. Tu décides de raconter au moustachu qu'ils te font penser à la classe de mer. Tu ne saurais pas lui expliquer pourquoi, mais l'eau t'apaise. Tu ne t'es jamais sentie aussi libre que depuis que tu sais nager, désentravée de tes bouées.

Ton secret, c'est que tu as découvert que quand tu criais sous l'eau, personne n'entendait rien.

Ton frère demande à sortir, personne ne s'y oppose.

Vous n'y retournerez pas.

Après deux semaines de vacances, l'école recommence.

Ta mère n'a pas vraiment réfléchi à la possibilité que vous n'y retourniez pas. Après tout, qu'est-ce que vous feriez d'autre de vos journées ? Elle prévient tout le monde, les professeurs du collège, ton institutrice et le personnel de l'école maternelle. Si jamais les enfants se montrent dissipés ou inattentifs, je préfère vous le dire, ils vivent en ce moment des circonstances particulières.

Tu te souviens de cette récréation que tu loupes malgré toi, parce que la maîtresse voulait rester avec toi pour en discuter, te demander si ça va. Tu t'es demandé ce qu'elle voulait entendre, lui en as presque voulu de t'avoir fait manquer ce temps au dehors. Après, tes copains t'ont un peu questionnée, ils n'étaient pas tous au courant. C'est ta mère qui a prévenu certains de leurs parents, toi tu es restée vague, leur as juste dit que pour le moment, ils viendraient peut-être un peu moins chez toi.

Ça te va bien de recommencer l'école. Elle est ton repère et ton repaire, un refuge où tu respires un peu. Tu passes aussi beaucoup de temps chez des copines qui habitent la résidence d'à côté, tu essaies de dormir chez elles le plus de samedis possible. L'une d'elles va au poney-club plusieurs fois par semaine, ses parents finissent par t'y conduire avec elle. Auprès de ces êtres poilus qui ne te demandent rien d'autre que des caresses et des morceaux de sucre, ton esprit est ailleurs.

Ta mère accepte de t'inscrire. C'est ta stratégie pour survivre, tu fuis seule.

Votre lieu de vie n'est en effet plus le même depuis presque un mois maintenant, puisqu'il y manque les bruits et les odeurs de ton père. Le parfum qu'il se mettait chaque matin, – trois petits pschitts sur son long cou –, l'odeur du café chaud et des tranches de pain qu'il faisait griller trop longtemps. Les jingles des informations matinales à la radio et les voix de Bernard Maris et Dominique Seux débattant ensemble, ses chaussures à talonnettes martelant le parquet du couloir qu'il traversait et traversait encore, saisissant peu à peu ce dont il avait besoin pour la journée. Encore endormie devant ton petit-déjeuner, tu l'entendais finalement claquer la porte et tu tendais l'oreille : avec un peu de chance, il aurait oublié quelque chose, des clefs, un badge, une écharpe – alors la sonnette retentirait et il reviendrait, vous ferait un deuxième bisou.

À sa place habituelle à table, le couvert n'est plus mis mais personne ne s'assoit. Dans la chambre, ses chemises impeccablement repassées s'entassent sur le portant de bois.

Tu ne veux pas faire de bruit en rentrant à la maison, ni qu'on te demande comment s'est passée ta journée. Tu files tout droit vers ta chambre en te faisant la plus discrète possible. À la maison, tes grands-parents tentent de soulager ta mère comme ils peuvent et tourbillonnent, papillons de nuit affolés autour d'une ampoule. Ta grand-mère tient les lieux mieux que sa propre maison, refait vos lits, lave et étend le linge ; ton grand-père remplit les placards et surveille le feu – celui dans la cuisine, celui qui bout parfois à l'intérieur de vous trois.

« Est-ce que vous voulez me dire ce qui vous fait peur, qu'on s'en débarrasse ? »

De vous trois, tu ne sais plus qui prononce quelle phrase. J'ai peur qu'il ne vive pas jusqu'à ce qu'on soit grands. Qu'il devienne aveugle. Qu'il soit malade pour toute la vie. Qu'il ne nous parle plus. Qu'il ne joue plus avec nous. Qu'il ne me porte plus sur ses épaules. Et si le médecin tombe aussi dans la rue, qui va soigner Papa ? Est-ce qu'il y a un remplaçant ?

Ton grand-père ne répond rien, il offre ses bras, ouverts en grand.

Ta mère, elle, est devenue une sorte d'automate. Elle se lève, prépare les céréales et les pains au lait pour les enfants, coiffe, habille, embrasse, vous emmène ta sœur et toi. Une fois revenue, elle saisit le téléphone fixe, compose le numéro qu'elle connaît par cœur, prononce le nom de son amour, celui du service, l'emplacement du lit. Juste avant qu'on lui réponde, quand elle entend sonner la première tonalité, c'est comme si des dés lui échappaient d'entre les doigts. Et s'il s'était réveillé dans la nuit ? Si c'était devenu pire ? Invariablement, au bout du fil, une voix déclare :

« Il n'y a pas d'amélioration. Son état est stationnaire. »

À force, on reconnaît sa voix.

Anticipant l'heure des visites, ta mère part seule, gravit la côte qui mène à la station de RER et gagne le cœur de la capitale. Elle ne compte plus le nombre de fois qu'elle répète ce parcours. Au bout de son quai, elle le retrouve toujours inchangé, endormi.

Au collège, aux écoles primaire et maternelle, rien ne bouge non plus. Personne ne remarque rien, les enfants restent brillants. Elle se dit qu'ils sont pleins de ressources, qu'ils ne veulent pas lui causer de souci. Alors ils s'effacent, leurs petits pieds foulent un sable continuellement nettoyé par les vagues.

Chaque jour, elle vous répète qu'il faut être patient.

Un drôle de mot que celui-là, elle se fait la réflexion. Il leur est tombé dessus sans prévenir. Malgré eux, tous les êtres de cette famille sont devenus des patients, emprunts des différentes significations de ce mot hybride qui à cet instant leur fait si mal : des attentifs, des courageux, des souffrants.

La nuit rafraîchit les fronts brûlants, éponge les sanglots, observe le soin d'une mère qui couve ses trois petits.

On dirait que, tout en restant proches les uns des autres, chacun de vous se meut sur un territoire qui lui est propre. Comme lors d'une ascension enneigée dans un endroit non balisé, nul ne marche dans des traces déjà creusées par d'autres, chacun lève les genoux comme il peut, sans boussole.

À couvert dans son monde de dessins et de couleurs, ta petite sœur semble insouciante. Toi, muette, tu ne demandes rien, presque étrangère à ce qui se passe. Tu ne sais pas exactement ce qui est arrivé sur ce trottoir, tu n'as rien vu, alors ton imaginaire d'enfant a construit un scénario plausible, proche de celui que ta mère a essayé de vous exposer. Papa marchait, il est tombé, il était peut-être fatigué, il s'est cogné la tête très fort, si fort qu'il s'est évanoui. Tu imagines sa nuque qui frappe le sol, comme quand tu tends ton bras et que tu laisses tomber un gros calot sur le goudron, poc. Le simple fait de te remémorer ce bruit te fait sursauter. Tu te demandes pourquoi il n'a pas tendu les bras pour se rattraper. Tu essaies de visualiser son long corps allongé sur le pavé mouillé, comme s'il avait voulu s'endormir là, dans le chaos d'une grande avenue. Autour de lui, les voitures continuent de rouler, les feux de circulation clignotent. Son écharpe est encore à son cou, comme un collier.

Ensuite, en réalité tu n'as pas cherché à créer davantage d'images. Ta mère parle de lui au présent alors tu ne penses pas vraiment à sa mort, tu te concentres plutôt sur ce qu'il dit souvent, quand ça ne va pas ne reste pas sur place, bouge, va de l'avant, sois partout où ça te chante. Tu fais de ton mieux pour empêcher tes larmes de couler. C'est ta façon de soulever ton pont-levis, tu ne sais pas vraiment dire comment, chez toi, la tristesse jaillit.

Tu voudrais plaquer tes mains sur tes oreilles quand ton frère ose poser des questions, clame qu'il veut aller voir, maudit chaque jour qui passe. Il confronte ta mère, dis-moi, pourquoi c'est tombé sur nous, j'ai le droit de savoir, est-ce que Papa va vivre.

C'est possible qu'il meure, tu l'entends lui répondre en rassemblant toutes ses forces.

« C'est comme ça, on n'a pas eu de chance. Mais vous savez, c'est peut-être parce qu'on est très forts et qu'on va s'en sortir », dit-elle finalement un jour. Elle vous fixe tous les trois du regard. « Il faut qu'on fasse confiance au médecin, c'est son travail. Les docteurs savent ce qu'ils font, ils vont soigner Papa. »

Depuis que ta mère a rencontré Adel pendant cet après-midi de terreur, elle voit en lui du dévouement, de la gentillesse. Elle les observe en train de s'affairer tout autour de ton père, lui et les autres soignants, s'exécuter à haute voix. Elle trouve curieux, presque joyeux, que tous lui parlent comme s'il les entendait, bonjour monsieur, comment ça va aujourd'hui, ce matin c'est moi qui vais m'occuper de vous. Vous n'allez pas partir comme ça, vous savez, votre famille a besoin de vous. On va se voir pendant un petit temps. Pardonnez-moi, je vous touche seulement pour regarder si tout va bien, d'accord ? Allez, je repasse tout à l'heure.

Même si elle voudrait parfois que le médecin se taise, qu'il la laisse se reposer dans du silence, elle accueille les paroles médicales, les phrases qui expliquent ce qu'Adel et son équipe font maintenant, ce qu'ils feront demain, à quoi ça va servir. Chaque jour, il manie sa panique et l'apaise, trouve de nouvelles formulations.

Autour de ce lit où ton père demeure, immobile, dans le box décoré par vos feutres et peluches d'enfants, les proches et amis se succèdent. À elle, ils proposent de garder les petits, répondent aux appels passés tard dans la nuit. Elle a pris le temps de prévenir toutes celles et ceux à qui elle a pensé, l'un après l'autre, répétant les mêmes phrases dans un courage désordonné. Il a eu un accident, c'est grave, oui vous pouvez venir le voir. Elle ne savait pas bien à quel temps annoncer les faits, elle parlait en direct ou laissait des messages, et c'était le plus difficile : répéter des mots dans le vide. Elle n'arrivait pas toujours à aller au bout, elle disait c'est moi il faut que je te dise quelque chose, il faut que je te dise, il est arrivé quelque chose, rappelle-moi. Les enfants vont bien.

Elle aurait pu envoyer des textos en copier-coller mais ça aurait été une trace trop forte et trop visible, ses doigts auraient figé des mots à jamais sur l'écran, et elle n'en voulait pas. Au moment de raccrocher elle disait merci, et de là où elle se trouvait – une salle d'attente, un couloir d'hôpital, une rame de métro –, elle pouvait percevoir le mouvement véloce des mains se collant sur les bouches en encaissant le choc, le geste saccadé de celles essayant de se tenir aux murs en écartant les doigts comme des pattes d'araignée. Elle pouvait entendre le fracas au sol des objets qu'ils tenaient à la main à ce moment-là, le bruit de fond d'une radio ou d'une télévision allumée, puis éteinte subitement.

Les voilà face à l'événement, formes en vie qui défilent dans les couloirs entre les presque morts, à se dire à demain. Ses amis apportent des walkmans qui diffusent ses morceaux préférés, Sting, Rickie Lee Jones et l'album *Songs in the Key of Life* de Stevie Wonder. Des magnétophones avec des cassettes sur lesquelles ils enregistrent des blagues, des devinettes qu'ils se racontent les uns aux autres. Entre les bourdonnements des bandes, on entend les rires francs et les joies. Ils se promettent qu'ils iront jouer au loto quand il sortira, qu'ils repartiront en vacances tous ensemble, qu'ils achèteront des billets de concert. Chacun fait ce qu'il peut, comme il peut. Tout est prétexte à l'espoir, je l'ai vu bouger quand tu as parlé d'argent ! Croyants ou non, certains prient ou invoquent des magnétiseurs, d'autres consultent l'horoscope sans savoir quel signe astrologique choisir, le sien ou le leur ? *Malgré un climat peu favorable, ne désespérez pas. Rappelez-vous que la patience est une vertu. Profitez de l'instant présent. Confronter une peur inattendue vous demande du courage : souvenez-vous qu'elle vous aide à grandir.* Tout est bon à prendre, ils trouvent presque ça risible, ils se sentent puissants, ont l'impression de garder une sorte de contrôle sur le cours des événements.

Assez vite, l'équipe reconnaît ta mère. Elle ne pose pas de questions mais elle voit leurs amis le faire, et cette recherche d'espoir la ferait presque rire. L'un interroge le médecin et ne comprend que la moitié de la réponse, alors il repose sa question et le soignant explique différemment. Tous trifouillent tous les recoins à la recherche d'un peu de lumière.

Elle se force à continuer d'appeler chaque matin. Elle apprend à se satisfaire du rien, du stagnant, du petit. Tout prend une ampleur démesurée, les ordres de grandeur n'existent plus. Les grandes questions seront pour plus tard, elle ne pense pas à l'après.

Elle ne reprend pas son travail, passe beaucoup de journées dans cette chambre avec lui. Ça lui plairait bien pourtant de revoir des enfants, de les suivre pendant qu'ils grandissent, de leur apprendre à être riches et naïfs.

Certains jours, elle voudrait ne pas être là et se tenir dans sa salle de classe, voir des mains qui se lèvent en déambulant entre les tables, entendre le brouhaha des chaises et celui de la cantine. Elle serait presque heureuse de retrouver le goût amer du café instantané de la salle des professeurs.

Sa vie d'avant continue de courir ailleurs et ça lui ferait du bien de la retoucher du bout des doigts.

Telles des passeuses de sève, les veines dites caves ramènent le sang de tout le corps en direction du cœur. La veine cave supérieure reçoit le sang de la tête, du cou, des membres supérieurs et du thorax.

C'est elle qui pose problème chez ton père.

Voilà plus de trois semaines qu'il est hospitalisé quand, une nuit, la pression qui s'exerce à l'intérieur de son crâne augmente subitement. Tout le haut de son corps est gonflé. Adel réunit son équipe : depuis qu'il est pris en charge dans le service, ton père n'est qu'une absence. Absence de signes de réveil, absence de réponse motrice à la douleur, absence d'amélioration.

Il se trouve dos au mur et doit prendre une décision urgente, qui peut tout changer, dans un sens ou dans l'autre. Il s'est fait surprendre par cette pression dont il ne discerne pas l'origine. Le pronostic neurologique lui semble catastrophique. La dégradation a été très rapide et nécessite de réfléchir à des décisions qui sont à la limite de ce que peut la médecine. C'est comme si le temps et les choses prenaient soudain une dimension nouvelle.

Il doit voir ce qui se passe dans son cerveau. Pour cela, ton père doit supporter un nouveau scanner, ce qui implique d'être débranché des machines du box et de les remplacer par celles conçues pour le transport, moins performantes. Adel craint de le tuer en le transportant, il sait que ce dernier recours est risqué. Les conditions du scanner ne sont pas favorables, ça ne dure que quelques minutes mais elles sont très angoissantes et risquées pour ton père. D'un autre côté, s'il n'essaie pas, il le *perdra* : c'est comme ça qu'il exprime la mort qui s'immisce parfois dans les couloirs qu'il parcourt, comme un objet tombé dans l'eau qu'on voit plonger lentement vers le fond, hors de notre portée.

Il récupère la pochette cartonnée dans laquelle différentes écritures rendent compte des évolutions et des flottements des derniers jours. Elles sont plus ou moins appuyées, leur couleur varie, certaines produisent des combinaisons concises de mots et de symboles tandis que d'autres forment de longues phrases, ponctuées et verbeuses.

Il s'est décidé. Un étage plus bas, le visage inanimé de ton père disparaît dans le creux de l'appareil.

Compte rendu de l'examen réalisé par angioscanner pulmonaire et angioscanner veineux cérébral et cervical :
œdème cérébral
aspect discrètement élargi de la veine ophtalmique supérieure gauche
présence d'une collection intra-orbitaire pendue au toit de l'orbite gauche.
À l'étage cervical : on objective une thrombose de la portion proximale des deux veines jugulaires complète à droite et incomplète à gauche. La thrombose de la veine jugulaire droite s'étend à la veine sous-clavière droite dans son tiers proximal.

Conclusion :
crâne : contusion hémorragique fronto-pariétale droite
contusion fronto-basale droite
œdème cérébral
enfoncement du toit de l'orbite droit
thrombose complète de la veine jugulaire droite étendue à la veine sous-clavière droite
thrombose partielle de la veine jugulaire gauche dans sa portion proximale

Plus tard, lorsque les infirmières installent à nouveau ton père dans son box, Adel tient ce compte rendu entre ses mains. Il a trouvé : un œdème cérébral et non pas une, mais deux thromboses. Les veines du haut du cou sont bouchées, raison pour laquelle le sang ne circule plus.

Depuis son petit bureau, Adel réfléchit, les doutes et la gravité de la situation l'assiègent. Il sait quand même quoi faire : accepter l'incertitude sans céder à la panique. Sa voix perfore les murs, il convoque à nouveau son équipe au poste de soins, et décide : pendant les heures qui suivent, des anticoagulants à l'action immédiate s'immisceront dans les caillots de sang afin d'aider le liquide vital à circuler à nouveau. Ensuite, il faudra encore attendre.

Gamine, quand le sommeil ne venait pas tu sortais de ton lit et descendais les marches de ta mezzanine le corps faisant face au vide, le dos glissant contre l'échelle. Tu marchais à pas de loup dans le couloir long et obscur, uniquement éclairé par le jour de la porte qui le séparait du salon. Ce trait blanc représentait une veilleuse que tu fixais, un petit sémaphore pour ton vaisseau. Arrivée là tu poussais la porte sans un mot, tu savais qu'elle ferait un petit grincement qu'ils entendraient. Tu retrouvais tes parents à leur place, étendus tête-bêche sur le canapé devant un film. Sur le bois couleur ébène de la table basse, leurs tasses de tisane dessinaient des cercles tièdes et humides.

Ta mère se levait : pourquoi tu n'arrives pas à dormir, tu as du tracas ? Ta main dans la sienne, elle entraînait ton petit corps chaud vers la cuisine, tu t'asseyais et elle démarrait sa danse des gestes adorés. Sans un bruit, elle ouvrait un placard, en sortait une grande tasse, prenait une bouteille de lait dans le réfrigérateur et en versait presque jusqu'au bord. Elle déposait le tout dans le micro-ondes, une minute, pas plus, tandis que tes coudes posés sur la table soutenaient ton visage, déjà prête à t'assoupir. Avant même que le bip de l'engin ne retentisse, ta mère saisissait le mug d'une main preste et y plongeait une cuillère bombée de miel blanc et crémeux. Elle tournait doucement jusqu'à ce que l'ustensile réémerger immaculé.

Tu appelais ça du lait blanc, ton breuvage du sommeil insouciant.

Cette nuit-là, quand tu t'aventures dans le couloir, le phare que tu recherches est éteint. Cependant tu avances précautionneusement. Tu n'entends que les soupirs de tes grands-parents tamisés par la cloison. Tes mains écartées lissent les bibliothèques, tu fais tomber un livre sur ton orteil, tu serres les dents et retiens ton cri, il ne faut réveiller personne. Tes yeux s'habituent peu à peu, tu es presque arrivée : il ne te reste qu'une porte à pousser.

Dans un premier temps, tu ne comprends pas ce que tu vois. La lune éclaire la pièce et les arbres immobiles derrière les fenêtres. Dans le canapé froid, personne ne somnole. L'écran de la télévision est noir comme de la terre mouillée. Sur le parquet, une tasse de tisane s'est renversée.

Entre la table et le sofa, ta mère semble toute petite, pelotonnée sur un matelas gonflable. Une couverture camoufle son corps à la forme de coquille, s'arrêtant à ses épaules. L'une de ses mains dépasse de sa couverture, tenant le drap comme s'il pouvait lui échapper. Tu frissonnes de la trouver si vulnérable.

« Ma grande fille, tu as du tracas ? »

Son corps se tourne, s'ouvre vers toi. Ses yeux sont plus petits que d'habitude, des larmes ont coulé à l'horizontale sur ses joues. Doucement, elle déplie la couverture, ses jambes sont remontées sur sa poitrine, son autre bras est enserré autour de ses genoux. Son regard t'invite à venir là.

Roulée en boule entre les ailes de ta mère, tu es un petit corps qui tremble. Tu comprends qu'il n'y aura pas de lait blanc ce soir, juste ton visage enfoui dans le creux de son cou.

Chaque soir, quand ta mère rentre, les enfants sont lavés et rassasiés, l'appartement est propre et rangé, et les placards débordent comme pour combler l'anxiété. Les grands-parents sont comme deux échasses sur lesquelles elle se dresse, ils s'efforcent de la hisser aussi haut que leur amour le permet. S'ils étaient déjà proches, le choc de l'accident a eu comme première conséquence un rapprochement, une alliance sacrée criant que tous ensemble, vous êtes plus forts.

Après la dégradation de l'état de ton père, la surveillance médicale s'est accrue. Désormais, la durée de visite quotidienne est restreinte, les soins et la surveillance médicale occupent tout le reste du temps. Plusieurs semaines passent et c'est à nouveau le souci, l'attente, l'espérance du mieux.

Ta mère est comme une dune : protectrice face aux vents, polie par les airs qui glissent sur elle, souple ; elle se tord puis se redresse, abritant celles et ceux qui se lovent à ses pieds. L'hiver touche à sa fin quand, un matin, il y a un signe à peine perceptible. Une paupière tremble, un index remue de manière infime.

Comme ces plantes en forme de clochettes qui se faufilent à travers la neige alors que le reste dort encore, dans le corps de ton père, la vie tente de réapparaître. Elle fait remonter puis s'agiter les courbes de toutes les couleurs qui stagnaient. Peu à peu, les machines tonnent plus fort ; le tumulte qui faisait rage dans la tête de ton père semble se calmer, son corps désenfle, soulagé. Aidé de médicaments, le sang circule de mieux en mieux et irrigue à nouveau ses organes évanouis.

La réanimation reste un des rares métiers où l'on reçoit des êtres dans un état critique, voire moribond, qui en sortiront parfois sur leurs deux jambes et poursuivront leur vie presque comme tout le monde.

Adel est formel. Les anticoagulants ont permis une amélioration rapide, les thromboses ont disparu, la pression intracrânienne s'est apaisée. Un peu plus de six semaines se sont écoulées depuis sa chute. Les vacances de février approchent et ton père entame sa phase de réveil.

Ta mère interrompt son récit. Dans la maison celtique, le fond de thé froid a fini par tacher l'intérieur de vos tasses. Dehors, le vent fait claquer les volets contre les crochets qui les retiennent.

Un rai de lumière éclaire les traînées laissées par la pluie sur le plexiglas. Le mouchoir qu'elle tient dans sa main n'est plus qu'une petite boule pelucheuse, des morceaux se sont éparpillés sur le set en plastique posé sur la table. Face à toi on dirait qu'elle est en porcelaine, cachée dans un silex. Ses phrases font cogner ce passé douloureux sur les parois de la maison. Tes doigts s'avancent vers les siens. Elle ferme puis rouvre ses yeux rougis.

« Après ça, on est entrés dans une autre période, dont je ne t'ai jamais parlé, je crois. Ou peut-être que si, mais que tu l'as oubliée. »

DEUXIÈME PARTIE

Des quais de gare, tu en as foulé à peu près dans tout ce pays, et dans d'autres aussi. Tu as toujours adoré ces trajets pendant lesquels ton âme paresse, bien qu'elle soit en mouvement. Cette sensation d'isolement est ton oxygène. Si quelqu'un te demandait où tu es, tu pourrais répliquer sans mentir : « Nulle part, entre deux lieux, peut-être trois, je ne sais pas. »

L'aube débute à peine quand les paysages longeant la ligne grande vitesse Méditerranée démarrent leur course. Repliée contre la vitre, tu retires tes baskets et te blottis en position fœtale, songeuse et engourdie. Tu as le sommeil facile alors pour ne rien risquer, tu mets une alarme. Les mots de Louise Attaque te bercent.

Ce fut comme un séisme
Qui rase tout
Oh oui du grand banditisme
Tout a tremblé chez nous

Face à un puzzle pour lequel tu ne disposes d'aucun couvercle comme modèle, tu as décidé de commencer par les bords et les coins afin d'en dessiner le cadre. Se demander qui était là, qui se souvient, qui est d'accord pour raconter : c'est le plus facile, et c'est ce que tu connais, c'est encore ton grand-père qui te l'a enseigné. Pour la suite, tu procèdes par couleurs : si tu ne te débrouilles pas trop mal, une figure plus ou moins reconnaissable devrait finir par apparaître.

Scolaire et obstinée, tu t'appliques, cherchant ces petites pièces depuis de nombreux mois maintenant.

Quand tu descends du wagon, l'odeur qu'ont les gares le matin te saisit. Les viennoiseries chaudes, le café qui coule, les visages à moitié endormis – il est encore trop tôt pour se parler. Le bruit, aussi : les chariots de ferraille qui gavent les distributeurs de boissons, les roulettes des bagages glissant sur le sol lisse et le vrombissement des escalators. Le soleil d'hiver se réveille doucement dans des vapeurs grises et rosées. Tu es envahie d'un sentiment d'apaisement.

L'homme que tu vas voir aujourd'hui est un ami précieux de ton père, que ce dernier surnomme « le clown ». Ils se sont rencontrés pendant leurs études d'ingénierie informatique et ne se sont plus quittés par la suite. Le clown fait partie des adultes très présents durant ton enfance, aux dîners, promenades, anniversaires et vacances en Bretagne. Après son cursus, il est devenu prêtre. Tu sais combien il compte pour tes parents ; pour toi, il fait un peu figure de grand sage et de psy.

Alors, lorsque des hésitations sont apparues au cours de ta quête, tu as rapidement pensé à lui.

En lui parlant de ton cheminement au téléphone tu es restée vague, tu lui as demandé s'il se souvenait, s'il voulait bien te parler. Tu lui as exposé tes interrogations, ta sensation de peur à l'idée de replonger dans ce passé-là, de froisser tes proches. Il t'a invitée sur-le-champ. « Veux-tu venir faire une petite pause au noviciat ? », a-t-il écrit. Tu as souri.

Tu as vu arriver de loin sa silhouette aérienne, avec ses doigts tout fins et les veines presque indigo qui s'y entremêlent. Ses grands yeux sont doux et calmes. Il te prend la main. La sienne est tiède.

« Bonjour, ma grande. Tu as faim ? » Il brandit des victuailles dans un sachet beurré en souriant.

Au sein du cloître, vêtue de toutes les couleurs, ton sac de baroudeuse sur le dos, tu es une intruse indiscrète dans un monde de sobriété. Tu t'installes face à lui et tu as du mal à démarrer, chercheuse malhabile que tu es.

Heureusement, c'est lui qui le fait.

« La première chose que je voudrais te dire, c'est que cet événement représente une période de grande fragilité pour chacun. Il faut que tu sois délicate, ce que tu es en train de faire est difficile. »

Dans la pièce dont il a fait son bureau, des livres couvrent les murs du sol au plafond ; les fenêtres étroites sont de grands « I ». Plus haut, près du plafond, des étagères interminables encadrent des vitraux.

Le jour de l'accident, il n'était pas très loin, exerçant dans un centre spirituel de banlieue parisienne. Dès qu'il a entendu les tremblements de ta mère au téléphone, il a démarré son scooter et foncé sur le boulevard périphérique. Il n'a pas manqué un jour de visite.

À l'époque, le clown a campé auprès de vous, venant partager vos jeux le week-end. Dans la chambre d'hôpital, son casque de scooter à la main, il s'asseyait à côté de ta mère et déposait des mots pour son ami. Il lui lisait des livres d'histoire ou de sociologie, ou il restait simplement là. Il n'a cessé de répéter à ta mère qu'elle était extrêmement courageuse, et qu'elle et ton père sauraient rebondir face à cette vie qui les avait surpris.

« La proximité avec la mort vous a tous et toutes frappés, brusquement et profondément. Ce sont des lieux de perte de contrôle, parce qu'il y avait une inactivité subie : personne ne pouvait rien faire. Être là, c'était à la fois le pire et le meilleur. Et ça, demeurer immobile devant quelqu'un qui est en train de mourir, ça nous transforme tous. »

Tu savais bien que tu devais aller le voir. Il a une élocution particulière, comme s'il lisait un texte à voix haute et qu'il voulait qu'on le comprenne rien qu'en lisant sur ses lèvres. Ses mots sonnent justes, ils t'effraient en même temps qu'ils te rassurent. Tu réalises que c'est la première fois que la mort est venue aussi près de toi.

« Dans ce que vous avez vécu, il y a quelque chose de la vie pleine et de l'amour, qui se vit fortement dans l'incertitude. Quand on est vulnérables ensemble, on éprouve un lien encore plus fort. Sais-tu dire quelle forme de vie toi, tu y vois ? Ce qui te fait vivre toi, dans cette histoire ? C'est très déstabilisant, de se vivre comme un survivant sans avoir rien fait pour l'être. Tes parents, ton père comme ta mère, ont vécu une expérience complète de la dépossession, alors que ce n'est pas dans leurs habitudes de perdre le contrôle. C'est l'expérience d'une limite. »

Tu essaies de lui expliquer que tu te sens dans un corps-à-corps avec cet événement, où tout est à la fois fragile et essentiel. Au-delà, c'est aussi la suite, l'après qui t'intéressent. Comment tes parents ont fait pour reprendre leur vie. En l'écoutant, tu entends à nouveau cette vague incontrôlable dont ils sont revenus. Tu conçois davantage encore sa rudesse – la chute, le box, le chagrin fou, la folie triste, le soulagement. Le clown ne te cache rien, il te répond tout entier avec son émotion. Un léger feu s'allume dans ta nuque, sur ton carnet tes doigts tentent de retranscrire ce que tu entends. Les vitraux dessinent des reflets colorés sur la plaque en verre de son bureau.

Sous le porche, alors que tu t'apprêtes à repartir, ses mains entourent tes épaules.

« Ma grande, cet événement c'est aussi ton aventure, alors suis ce chemin. Et souviens-toi que la bonne distance, c'est celle qui t'aide à être à l'écoute, sans te mettre à l'arrêt. »

Tu lui souris. Il a toujours été très fort pour ce genre de formules.

Quand la phase de réveil s'est amorcée, Adel a rapidement expliqué à ta mère que ce traumatisme pourrait laisser des séquelles. Il serait incapable de dire si ton père pourra de nouveau tenir debout, ou parler. Les cordes vocales seraient peut-être abîmées à force de ne pas avoir parlé pendant tant de temps. En plus des complications liées aux thromboses et à l'œdème cérébral, ton père a également développé deux épisodes d'une forme de bronchite très grave appelée bronchopneumopathie, liée à une infection pulmonaire.

« Il faut que le corps de votre mari accepte progressivement qu'il y ait de moins en moins de médicaments qui le forcent à dormir, et qu'il lui faut réactiver tous les mécanismes, seul et autonome. C'est seulement à ce moment-là qu'il sera possible de savoir si le traumatisme a laissé des traces. »

Une fois encore, ta mère ne pose pas de questions. Ses yeux guettent, pleins d'attentes et de craintes. Elle se trouve dans une espérance nouvelle, pénible et patiente. Elle ne cherche pas à en savoir davantage, ni sur Internet, ni dans les livres, et se saisit simplement de chaque nouvelle avancée. Les muscles qui tremblent, les cils qui battent, le regard qui suit. C'est un temps très long, un grand point d'interrogation.

Toutefois ton père remue, murmure. On lui retire le tube qui perçait son cou. Ses yeux sont ouverts, il entend, n'articule pas encore. Les premières fois qu'il interagit de nouveau avec ta mère, il est à peine redressé sur son lit d'hôpital, ta mère est assise à côté de lui, à son chevet une infirmière lui tient une ardoise Velleda entourée de plastique rouge où il gribouille des lettres d'une main qui flagelle. Elle lui pose des questions fermées, est-ce que tu as mal, est-ce que tu as bien dormi ? Il écrit o, u, i. Elle se retient de pleurer.

Adel est stupéfait et note tout, minutieusement. *Patient bien dé-sédaté, suit du regard, s'améliore de jour en jour, comprend tout ce qu'on lui dit*. Le cathéter et la fibre qui mesurait la pression intracrânienne sont progressivement retirés. Ses jambes et ses bras répondent aux sollicitations des médecins, son visage se tourne, il sourit presque ; puis commence à parler très bas, d'une voix éraillée.

C'est à cette période que tu lui rends visite, une seule fois. Tu es avec ta mère, ton frère et ta sœur. C'est le week-end ou les vacances, un après-midi. Un tube fin est planté dans ses narines. Ça te fait tout bizarre, tu ne le reconnais pas et tu détestes cette étrange voix qu'il a.

Lui qui avait déjà une stature grande et svelte, il paraît filiforme, flottant dans sa blouse. Il a perdu un poids considérable. Il sera désormais transféré dans un autre service, celui de médecine physique et de réadaptation. Il doit tout réapprendre comme s'il était redevenu nourrisson, bambin dans un moule d'adulte.

Et puis c'est écrit noir sur blanc, concrètement, il est guéri. Arrive enfin ce moment où il faut ressortir, quitter cet endroit clos et abrité, devenu presque rassurant. D'un coup d'un seul, on leur dit allez, sortez d'ici, reprenez la vie d'avant, rattrapez-la vite !

C'est à cet instant qu'il aurait peut-être fallu un sas, une halte pour se remettre de l'épreuve. Rattraper le temps qui leur a été volé, tous ces jours et toutes ces nuits. Accepter d'avoir vécu dans une urgence qui les a complètement déstabilisés.

Sur le compte rendu médical de sortie, Adel acte l'évolution favorable d'un traumatisme crânien sévère.

Quand c'est devenu certain que ton père vivrait, que la sortie de l'hôpital était imminente, Adel a tenu à recevoir ta mère une dernière fois. Face à elle, accompagné du psychologue moustachu, le médecin a cherché ses mots longtemps :

« Ce qui s'est passé, là, c'est à la fois considérable et singulier. Après un tel bouleversement, il est possible, et ce serait normal, que votre mari ne redevienne pas complètement comme avant. Pour le moins, pas de suite. J'entends par là que quand on est malade, on se fait assister, on devient presque davantage un objet de soins qu'un sujet humain. C'est encore plus vrai lorsqu'on frôle la mort, qu'on a senti qu'elle était toute proche, qu'on l'a combattue, et que nous revoilà bien vivants. C'est comme s'il fallait retourner à la vie, d'un coup. »

Il s'interrompt, pose ses deux coudes sur son bureau.

« Vos équilibres ont été ébranlés. Pour autant, quand le parcours à l'hôpital se termine, ce grand déséquilibre, votre mari voudra peut-être l'envoyer promener, parce que subitement, il ne devra plus se considérer comme un malade. »

Elle se demande où il veut en venir.

— Comment ça, *envoyer promener* ?
— Je veux dire que peut-être qu'il voudra reprendre sa vie, encore plus fort qu'avant. De telles épreuves nous obligent à faire le point, à partir en quête de preuves que la vie est bien de nouveau avec soi. C'est un peu une façon de se tenir le plus debout possible. Ça peut se traduire par plusieurs choses, ça dépend des gens. Généralement, on en observe trois.

Elle écoute, muette. Sur une feuille de papier placée entre eux, Adel forme des cadres, des flèches, des gribouillis. Il explicite ce qu'il appelle les trois mirages : la dépression profonde et les envies suicidaires ; l'adoption de comportements à risque, la pratique de sports extrêmes et la recherche de sensations fortes ; et puis la séparation familiale, le bouleversement relationnel, le changement de vie complet.

« Vous voyez, les liens intimes et affectifs ont été ébranlés, abîmés par le drame et l'incertitude. Il est possible que du temps soit nécessaire pour tisser à nouveau les réseaux de communication à l'intérieur de la famille, et que chacun retrouve une place qui convienne à la fois à lui-même et aux autres. »

Quand les paroles d'Adel ont tenté de s'immiscer dans l'esprit de ta mère, elle était trop occupée à réaliser ce qu'ils avaient traversé pour tout enregistrer.

Et si ton père est bien tiré d'affaire, Adel ne peut pas certifier qu'il n'y aura pas d'autre malaises entraînant d'autres chutes. Il faut mettre en place une surveillance discrète mais régulière, des examens, d'autres scanners, ce qu'il nomme une exploration rythmologique cardiaque, pour essayer d'expliquer la perte brutale de connaissance qui a conduit à la chute et au traumatisme crânien.

Quand le corps médical décrète sa sortie, ta mère apporte des quantités astronomiques de chocolats, offre des mercis mouillés pour ces deux mois qui lui ont semblé deux ans. Elle serre les doigts d'Adel dans les siens, lui remet vos dessins. Ton père est déjà ailleurs. C'est comme s'il refaisait surface après une hibernation forcée, impossible à pour lui à quantifier.

Il est orienté dans un centre de médecine physique et de réadaptation construit dans les années 1930, un immense bâtiment de briques rouges et de pierres beiges, tout en symétrie. C'est une unité spécialisée dans la prise en charge de handicaps neurologiques ou traumatiques lourds, chez des adultes comme des enfants, reconnue dans tout le pays. C'est une structure consacrée aux survivants – brûlés, handicapés, accidentés – et ton père ne comprend pas ce qu'il y fait. Comme un adolescent en pensionnat, il vit cette période comme une fausse liberté dont il voudrait s'échapper au plus vite, et oublier qu'il a été, malgré lui, un réchappé.

Il lui faut pourtant pratiquement réapprendre à être vivant : tenir assis, debout, marcher, courir, sauter, mastiquer, déglutir, boire sans avaler de travers, se vêtir et se laver. Parler. Il sur-sollicite les kinésithérapeutes, occupe quotidiennement la salle de sport, quémande incessamment aux médecins d'abréger sa prise en charge et de lui communiquer une date de sortie, à laquelle il veut s'accrocher comme à un phare dans la nuit. Il force son corps à le soutenir.

Bientôt, ton père semble avoir tout retrouvé, comme s'il ne lui était rien arrivé. Il reste là-bas quatre mois, tu le sais parce qu'il compte rigoureusement les jours.

Des années après, quand tu te décides à t'y rendre pour respirer l'atmosphère et te promener dans ces allées entre brique et pierre, ce service n'existe plus, un autre hôpital l'a aspiré.

Le jour où ton père foule à nouveau le parquet de l'appartement, tu ne le reconnais toujours pas vraiment. Il reste dans l'entrée, semble encore plus grand qu'auparavant. Tu ne l'as jamais vu avec ces chaussures, on dirait de gros sabots dont débordent ses talons : ses pieds sont encore trop faibles du fait de ne pas avoir marché pendant si longtemps. Ses avant-bras dépassent des manches de son polo devenues trop larges. L'un d'eux est parsemé de minuscules points violets causés par les perfusions, qui s'intercalent entre les taches de rousseur et contrastent avec la pâleur de sa peau. Il parle d'une drôle de voix blanche, comme s'il était un robot, si bas que tu ne l'entends presque pas. Son cou porte encore la marque du trou qu'on y a creusé pour qu'il respire. Ses yeux ont perdu de leur éclat, ses cheveux noirs sont rasés très courts. Alors qu'il se penche pour t'embrasser, tu aperçois, sur le côté droit de son crâne tout clair, une espèce de creux sans cheveux.

Quand le clown le revoit chez vous, sur pieds et presque intact, des larmes inondent ses joues. C'est pas possible, il soupire alors que ton père lui ouvre la porte, et tu l'entends rire et pleurer en même temps.

À l'école, pas grand-monde ne te comprend. Tes copains te demandent ce que ton père a eu comme maladie ; tu ne le sais pas toi-même. Cela leur paraît impossible qu'il soit juste tombé, comme eux dans la cour de récré. Tu leur racontes seulement que ça y est, *il est rentré* de l'hôpital comme d'un long voyage. Pas vraiment soulagés, tes grands-parents sont repartis.

De toute façon, chez vous, lui-même le clame : personne n'a été malade, il n'y a pas eu d'accident. Alors, tu commences à y croire.

C'est une normalité simulée, une supercherie adroitement mise en œuvre comme pour oublier. On dirait que ton père ne souhaite qu'une chose : se départir de ce raz-de-marée. Il n'a pas la force d'être identifié comme un rescapé. Tu te dis qu'il n'a pas remarqué qu'en son absence, les plantes sur le balcon ont poussé. Peut-être est-il le seul à ne pas avoir réalisé qu'il aurait pu ne plus se réveiller.

C'est comme s'il n'avait pas connu ces profondeurs. Il n'est qu'impatience et agitation, pense à son parcours professionnel interrompu, se remet au travail au plus vite. Il fait du sport tous les jours, n'évoque jamais rien qui soit lié à ce passé pourtant encore si présent.

Contrainte de suivre la folle cadence de ton père, ta mère retrouve finalement ses élèves entre Pâques et les grandes vacances. Au fond d'elle, elle désire pourtant que tout s'interrompe pour s'ancrer ensemble à nouveau. Ils sont en décalage complet, ne parlent plus la même langue. Ta mère voudrait poser des mots sur cette période, partager avec lui la peur qu'elle a ressentie que cette vie en commun n'existe plus, les questions qui l'assaillaient malgré ses défenses, comment je ferai si, que dire et ne pas dire aux enfants, que fait-on maintenant. Ses nuits seule, son chagrin à camoufler et les vôtres à consoler, les proches à tenir au courant ou à tenir à l'écart, son téléphone devenu assourdissant, le langage médical flou, l'odeur du box aseptisé, le bruit de la mort toute proche. Son anniversaire à lui, alors qu'il était encore endormi, les enfants qui n'ont pas bien compris pourquoi on soufflait sur des bougies pour un vivant absent.

Ton père dit simplement tout va bien, c'est fini, maintenant.

Comme agacé qu'on ait voulu l'enterrer si vite, l'événement ressuscite. Alors que l'été est arrivé en avance, tu as à peine quitté la table quand ton père tombe de sa chaise, littéralement.

Ce malaise vagal, minime et vite résorbé, il ne le supporte pas. Il camoufle ses traitements, s'agace de ce que son corps ne lui obéisse pas alors qu'il voudrait tout regagner, reprendre ce qui lui a été volé.

Il devient distant, s'affaire à bricoler des objets plutôt que de vous réparer vous. Auprès de lui, personne ne peut se déverser, témoigner d'émotions sur ce que vous venez de vivre. Les mois passés n'ont pas existé, ton père tente de les rayer d'un trait rageur, noir, épais. Faussement indélébile.

Ta mère est essorée, elle qui a tenté tant bien que mal de tout mener de front, qui a toujours tout répété comme une machine, des millions de fois, qui a camouflé sa terreur pour ne pas la nourrir davantage. Face à sa demande de prévoir un voyage pendant les vacances, tous les cinq, loin des mauvais souvenirs, ton père n'est pas d'accord. Il souhaite faire comme d'habitude, retourner dans le gîte en bord de mer, puisque les enfants l'adorent. Pourquoi changer ?

Pendant ces vacances, vous ressemblez à une famille normale par tous les aspects, tout est identique et à sa place, comme si rien ne s'était passé.

Pourtant, la maison est louée pour la dernière fois. Et avant même que le soleil estival ne dépose ses dernières lumières, ton père décide précipitamment de rentrer. Ta mère finit seule les vacances avec vous.

Comme assoiffé des responsabilités retrouvées, il multiplie les déplacements professionnels, les réunions tardives, les absences obscures.

Plusieurs saisons s'écoulent ainsi.

Assis sur la table basse du salon, face à la chaîne hi-fi, ton père regarde des compétitions de sport sans le son, le plus souvent du rugby, du handball ou du biathlon.

Comme pour donner des signaux, il laisse traîner les pochettes des disques qu'il écoute. Il y en a une que tu reconnais facilement. Elle représente deux visages qui ressemblent à des masques d'argent. L'un est paré de plumes orange flamboyantes, son propriétaire porte une tunique bleu foncé. L'autre arbore un rouge presque brun, comme le sang qui circulait dans les tuyaux partout dans ton père. Les deux personnages semblent se retourner brusquement, leurs yeux sont des trous noirs.

Un jour, alors que l'automne arrive, ton père s'en va.

Tu as commencé à faire des insomnies. Tu te réveilles la nuit en sueur, tu mélanges tout. Détective de pacotille, tu prends des notes illisibles, gribouilles un carnet rempli de Post-it et de lignes de toutes les couleurs, de phrases pensées ou entendues ici et là. Il t'arrive de vouloir arrêter de chercher, arrêter d'écrire.

Il y a plusieurs mois, quand tu as commencé à mettre en mots ce que tu traversais, tu as d'abord essayé le *je*, puis le *elle*, et c'est finalement ce *tu* qui s'est imposé, comme une mise à distance de toi-même. Tu voulais parler à tes personnages, t'asseoir auprès d'eux et ne mettre aucune distance entre vous. Tu voulais les raconter pendant qu'ils vivaient cette histoire, du regard le plus franc, juste et protecteur possible.

Tu es une archéologue, mais aussi une destructrice qui avance pieds nus, des bombes dans les mains. Tu as voulu te mettre en route et voilà que tu sens le sol se dérober sous tes pieds. Tu te demandes ce qui t'a pris de te lancer dans cette quête, de retourner dans ces lieux, de réentendre ces récits, d'affronter les émotions des êtres que tu recroises, à qui tu demandes la permission de te souvenir.

Tandis que ta mère continuait de faire déferler ses mots dans cette pièce, tu n'as plus su ce que tu désirais entendre ou non. Perdue au milieu de ses phrases, tu espères disparaître, t'immerger dans une eau épaisse et profonde ou grimper sur une branche plus proche des nuages que de l'herbe. Tu voudrais retrouver la chaleur de la tasse de lait blanc, de la crème qui apaise les blessures.

Tu ne sais pas dire exactement quand la colère surgit chez toi. Ça dépend un peu de ce que tu considères comme étant chez toi. Avant, avec tes parents, le peu de fois où elle a surgi elle était plutôt réprimée, plutôt pas OK, avec les cris, les pleurs, les coups sur la table. Tu te souviens qu'il ne fallait jamais trop « se mettre dans des états pareils », comme disait ton père.

Alors peut-être que pour toi, la colère ne surgit jamais dans ta maison. Précisément, quand tu la sens cogner à la porte, quand monte en toi ce goût acide comme un relent de vomi, tu t'enfuis pour mieux la laisser exploser au dehors. Tu pédales vers la mer, tu vas hurler sous l'eau là où personne n'entend, tu cours dans une forêt ou au bord d'un fleuve, laissant la tempête s'échapper dans tes halètements, dans tes muscles qui flambent et l'acide lactique qui les transperce.

Le long de la falaise, sur ce sentier escarpé fait de sable, de graviers et de roches, tu cours et cavales à côté de la mer, blanche et furieuse comme toi. Tes cuisses brûlent, tes mollets lancent des décharges électriques à chaque nouvelle foulée. Les rafales fouettent ton visage, les bourrasques mouillées te griffent et te secouent. Te voilà trempée. De ton plein gré, tu assistes à un chagrin que tu n'avais jusqu'alors jamais saisi. Est-ce vraiment ce que tu voulais ?

Le souvenir que tu manipules est un animal vivant qui te surprend, sauvage, indomptable.

Ta mère et ses mots font renaître en toi des voix, des gestes, des odeurs. Elle compresse les petites bulles de ta mémoire pour les faire éclater, une par une. Les deux pieds vissés dans ta quête qui t'a poussée à envoyer des messages, à griffonner des questions.

Peut-être que la mémoire d'un enfant offre des passerelles, des ponts pour comprendre qui on est adulte. Tu penses à l'enfant que tu étais et dont tu voudrais soulager la mémoire, et aussi à ce que t'a dit le clown il y a quelques mois. *Suis ce chemin, ma grande, il est aussi à toi.*

Tu as lu quelque part que les souvenirs sont des augures, et tu commences à croire que quand on ne se souvient pas, on ne peut pas se déployer pleinement.

À l'époque, ta mère vous a expliqué exactement ce qu'il lui avait dit.

Pour quelque temps, Papa est parti.

Si le souvenir des jours qui ont suivi est un bouillonnement triste, tu t'en tiens aujourd'hui à imaginer que pour esquiver cette avalanche qui les menaçait, tes parents ont fait au mieux, épargnant à leur couvée des déflagrations trop dévastatrices. Dans l'air, tu respires la douleur qui a été la leur et, surtout, la force qu'il a fallu pour la surpasser.

Vous étiez une famille, une entité qui s'est brusquement retrouvée privée d'un de ses membres. Comme si on avait retiré d'un coup sec une poutre d'une maison en espérant qu'elle reste quand même debout. Pendant cette période, ta mère a tout soutenu.

Ton père a essayé de dire qu'il avait besoin de temps pour revenir à leur quotidien. Qu'il tentait, comme Adel avait essayé de l'exposer à ta mère, de se tenir le plus debout possible dans ce désir de vie qu'il éprouvait si fort. Peut-être qu'après l'épreuve de l'accident et l'horreur du flou, il leur fallait de nouveau accorder leur confiance au hasard.

Tout le monde ignorait s'il fallait lui en vouloir pour ça. Quand il est parti, ta mère n'a su que faire de son absence. C'était presque comme s'il manquait de mourir à nouveau. Le lit était une dalle froide sur laquelle les draps étaient rêches comme de l'écorce.

Pour elle, c'était comme s'il fallait tout recommencer, replonger dans l'eau glacée sans savoir combien de temps ça durerait.

De cette famille désertée, c'est comme s'il ne restait que des membres plus vraiment entiers.

Tu voudrais être une mouette. Tu en vois une au-dessus de ta tête, qui flotte et semble paisible. Elle ne bat pas des ailes, elle se laisse porter, se penche à droite puis à gauche. Les bourrasques sont si fortes malgré les rayons qui chauffent. Il a dû se passer quelque chose pour qu'elle ait choisi de s'envoler au lieu de rester tranquille dans son nid.

Au fil des années, tous les oisillons ont délaissé le nid familial. Dans le salon de l'appartement parental où tu décides de retourner, les murs sont nets et brillants, fraîchement repeints par tes parents. Le canapé est nouveau, de petites plumes s'échappent d'épais coussins blancs. Tu as l'impression qu'il y a moins de meubles, comme s'il ne restait que l'essentiel. La pièce est pleinement exposée au soleil qui décline, une large porte vitrée conduit au balcon. Il est plein de fleurs en jardinières, de plantes en pots, d'arbustes. Une ribambelle de couleurs et de senteurs occupe l'espace au sol, s'agrippe aux rambardes, dépasse derrière les stores.

C'est ta pièce préférée, désormais. Dans un coin, sur l'étagère la plus basse d'une bibliothèque couleur terre brûlée, s'alignent des albums photos. Le plus ancien contient le premier voyage que tes parents ont fait tous les deux, quand ils sont partis célébrer leur mariage presque secret à un endroit où des montagnes camouflent un lac qui semble infini. Tes mains tournent les lourdes pages, tu remontes le temps avec eux. Ton père porte un polo rayé à manches courtes et un large short en jean retenu par une ceinture ; ta mère a mis un foulard dans ses cheveux courts et porte un débardeur aux larges bretelles. Tous les albums ont une allure identique, imposants recueils à spirales et aux pages épaisses. Tu essaies d'en dégager quelques-uns mais les anneaux s'agriffent entre eux. Il te faut les déplacer un à un puis les remettre en harmonie afin que tous se contrepèsent et se stabilisent.

Tu es issue d'une de ces familles où on aime créer des traces, cartes postales, lettres manuscrites, photographies. Ta mère s'occupait de raconter vos vacances à leurs proches, ton père a toujours pris beaucoup de photos, essentiellement de ta mère et de vous enfants. Sur la première page de chaque recueil, c'est ta mère qui a annoté lieux, dates et parfois quelques titres. Aux côtés des visages, elle a souvent collé des feuilles d'arbre séchées.

Du bout des ongles, tu survoles les années vierges d'accident, des clichés de toutes les saisons.

Assise au milieu de ta chambre d'enfant, tu cherches d'autres indices dans les tiroirs du petit bureau. Tu les ouvres les uns après les autres, tu y trouves des cartes postales et des photographies mal triées.

Dans le dernier tiroir, tu trouves une boîte en carton épaisse et rectangulaire, colorée, un peu cornée aux coins. Tu décales le couvercle et découvres tes carnets par dizaines, alignés de façon à ce que leurs dos forment un arc-en-ciel de teintes et de matières, de spirales en métal et de reliures de lin.

Petit Poucet en quête de petits cailloux, tu déranges et farfouilles ; tu voudrais qu'ils te guident sur le sentier de ton enfance.

Après l'accident, tes carnets et leurs albums se sont arrêtés pendant un moment.

Les accords de guitare de *Stubborn Love* dans les oreilles, tu files en métro dans la nuit. Ta fouille t'obsède, tu te sens dévorée, bizarre.

Ta tempe collée à la vitre qui tremble au mouvement de la rame, tu lèves les yeux. L'eau du fleuve est lisse, les reflets de la ville ressemblent à des bougies flottantes. Tout va si vite, le métro et cette quête, et le chanteur continue de t'ordonner de garder la tête bien haute, *Keep your Head up, my Love*. En embuscade derrière la tour Eiffel, la Lune te regarde.

Ce soir, tu voudrais presque ne pas rentrer, prendre en filature l'élan qui te traverse et marcher dans la nuit encore et encore, errer jusqu'à ce qu'un peu d'ordre t'apparaisse. Cette histoire te dépasse et te malmène. Le métro s'arrête.

Tu t'échappes des couloirs souterrains en suffoquant presque, un homme t'emboîte le pas, où est-ce que tu vas comme ça ? Là où tu n'iras jamais, tu t'entends lui répondre, majeur en l'air, en accélérant. L'homme te suit. Regardant droit devant toi, tu cherches une présence rassurante, interromps la musique qui jusque-là te berçait. Comme souvent vient l'heure de l'esquive des corps-à-corps. Découragé, il finit par te lâcher.

Délaissant l'hostilité de la rue, tu tapes le premier digicode puis le second. Tu effleures les escaliers le plus silencieusement possible, tournes d'un demi-tour la clé dans la serrure. Le bruit familier de l'eau qui coule t'accueille, celle qui lave les corps et les esprits. Ton amour est là, sa bouche et ses bras aussi. Tu sais qu'il comprend, qu'il comprend précisément qu'il ne peut pas tout comprendre.

Tu écoutes son souffle paisible d'enfant, il a le sommeil ponctué de légers murmures.

Vous voilà rassemblés autour de la table de cuisine en bois lisse, ton père vous fait face. Ta mère a réussi à vous réunir et à vous exposer ce que vous ne compreniez pas bien, vous répétant ce qu'il a lui-même tenté de lui expliquer. Tu ne sais plus exactement depuis combien de temps tu ne l'as plus vu à la maison, une, deux, trois semaines. Tu confonds un peu avec le temps de l'hôpital mais tu espères que ce soir, il dormira là. Tu te demandes si tu y es pour quelque chose, est-ce qu'il vous abandonne pour de vrai ? Tu préfères imaginer qu'il est parti en vacances, retourné à l'hôpital pour voir les médecins, ou peut-être qu'il a trouvé un nouveau travail, très loin. À l'école, tu n'as rien dit à tes copains.

Dos au mur, il se tient droit, si droit qu'on dirait qu'un fil invisible le tient depuis le plafond, tandis que ton frère, ta sœur et toi êtes posés sur ces chaises de métal bruyantes quand on les déplace sans les soulever convenablement. Vous n'êtes ni chaleureux, ni sur la défensive mais vos trois corps font front, en rang comme une juridiction. Le carrelage gris au sol fait de cette pièce la plus froide de l'appartement. Derrière lui, les cadres argentés qui entourent des tableaux de mer ont tout d'un coup une apparence tordue, les épaules de ton père les font tanguer lorsqu'elles les frôlent.

Avant de commencer à parler, il vous regarde un par un, son visage se courbant pour finir par mettre le cap dans les yeux de ta mère. Elle se tient debout dans un angle de la pièce, le corps plaqué contre un placard, comme si elle ne voulait pas faire partie de cette sorte de tribunal, rester un témoin, une observatrice.

Tu ne pensais pas qu'un papa, ça pleurait. Tu ne l'avais encore jamais vu faire. On dirait qu'il réfléchit aux mots qu'il va prononcer comme si toute la suite allait dépendre d'eux, est-ce que c'est ce qu'il a pensé à cet instant ? Le regard planté à nouveau vers vous, tenant dans sa main un verre d'eau posé sur la table, ne sachant pas vraiment s'il faut le saisir ou le laisser, sa bouche s'ouvre. Très distinctement, la voix basse et triste, il commence par vous dire *mes amours* puis, très lentement, il prononce des mots que tu n'es pas sûre de comprendre. Sur son visage, ses larmes courent là où elles peuvent.

Ton père se dissout sous vos yeux, honteux et défait, et tu ne sais plus à quel moment tu as mis tes deux mains sur tes oreilles, les doigts serrés les uns contre les autres comme des coquilles. Dans l'air ses mots résonnent, désordonnés.

« Je n'ai jamais voulu vous faire souffrir », il finit par dire.

Il lâche le verre d'eau sans le boire et place sa main au centre de la table, paume ouverte vers vous. L'autre main se dirige vers ta mère, qui tient ses deux coudes l'un dans l'autre.

« Alors Maman et toi, vous allez divorcer ? » tu demandes.

C'est la seule question qui te vient à l'esprit. Ton frère sursaute. Le visage de ton père louvoie de gauche à droite.

Sous la table, tes petites jambes ont arrêté de se balancer. Tour à tour, ton père oriente à nouveau son regard vers chaque paire d'yeux.

« J'ai fait beaucoup de peine à votre maman. Non, on ne va pas divorcer. C'est un peu comme si on allait essayer de planter ensemble un arbre du pardon. »

Ses mots gisent à ses pieds. Tu te demandes à quoi peut bien ressembler un arbre du pardon.

Peut-être d'abord à du silence. Il est trop tôt pour les mots : tes deux parents sont simplement là, côte à côte à nouveau.

Ta mère répète souvent qu'on ne peut pas changer les gens, qu'il faut les prendre tout entiers et que ce sont eux qui décident de leurs bifurcations. Elle t'a parfois dit qu'en amour, on ne peut jamais vraiment être sûr mais qu'il faut s'écouter, se fier à ce qu'il y a là, et elle montre sa poitrine avec ses doigts.

Et surtout, à du temps. Pour que l'arbre à pardon grandisse, ta mère lui crée une pièce gigantesque où elle verse du temps par paquets. Elle a décidé que sa lutte serait féconde, qu'il n'y aurait pas de nouvelle séparation des corps et des vies. À mesure que les saisons s'écoulent, elle accepte de ne pas tout saisir, qu'au sein de leur amour demeurera cette ombre. Ta mère panse les fêlures avec de l'indulgence. Tes parents apprendront à vivre avec, et à s'en détacher petit à petit pour pouvoir vieillir sans.

Peut-être que l'amour subsiste quand il sait qu'il pourra se reposer quelque temps en chemin ; puis décider qu'il reste des choses à vivre ensemble et qu'il est trop tôt pour s'arrêter là.

Tout ressemble alors à une étendue qui revit après un incendie. Lentement, des pousses ressurgissent de vos landes et, dans votre air, les braises de l'accident ont capitulé.

Pendant vos promenades en forêt, tu aperçois des phalanges qui s'examinent, se devinent, s'enchevêtrent à nouveau. Au-devant de leurs cœurs encore silencieux, la main de ton père caresse le cou de ta mère.

Dans l'appartement résonnent des paroles de Keren Ann et de Sting. Comme les pygargues, tes parents construisent un nouveau nid de patience et de douceur, de résilience et d'acceptation. Peu à peu, les albums de photographies se remultiplient. Tu avais presque oublié la mélodie de ta mère qui rit.

C'est en mélangeant tout cela qu'est apparue plus tard, légère comme un papier déposé sous l'oreiller, l'idée d'un chez-eux à la mer.

TROISIÈME PARTIE

Errance. Nom féminin. Tendance à des déambulations durables, sur de longues distances, sans autre but que le voyage lui-même. Action de marcher, de voyager sans cesse.

Cette errance a été ton lieu intérieur où la quête s'est finalement construite, où tu as essayé de transformer en traversée ce qui t'apparaissait au départ comme un lac gelé. Le passé n'a pas la même importance pour tous, tu le sais désormais. Il t'a fallu vivre la suite pour réaliser que cette suite faisait précisément, et tout autant, partie de l'événement. À travers les différentes étapes de ton voyage, tu as trouvé un geste. Ta main est tendue, paume ouverte vers le ciel.

Il y a des jours où, comme dans la chanson d'Henri Salvador, le soleil est vert, et c'est bien. Peu à peu, tu as su penser à l'accident et à tout ce qu'il représente sans que ton souffle ne soit coupé. Tu as compris que tu avais besoin de ça, d'écrire la vie et ses événements, pour ne pas tomber.

Pour survivre aux moments où tu n'avais justement pas écrit.

Sur cette plage de sable, coincée entre la route qui longe la corniche et un gigantesque complexe sportif, deux baigneuses s'avancent jusqu'à l'eau. Gracieuses, elles portent leurs serviettes nouées autour d'elles jusqu'au-dessus de la poitrine comme des robes bustier en éponge. Elles portent des bonnets de natation dont dépassent des mèches de cheveux blancs.

Complices dans leur triomphe, en rythme face à la mer elles font tomber d'un même geste, en se regardant, leur drap de bain à leurs pieds. Elles enlèvent leurs tatanes et laissent le tout au bord du rivage puis, impériales, marchent vers la scène. De dos, tu vois leurs seins qui dansent de gauche à droite.

Le liquide salé les accueille, mange leur nombril lorsqu'elles saisissent leur poitrine de leurs deux mains, la tenant plaquée sur leur cœur, un cri s'échappe de leur bouche et elles s'immergent complètement. On ne voit plus que le sommet de leurs bonnets colorés, telles deux petites bouées posées à la surface.

L'accident laisse des traces sur chacun, inévitablement. Mais il est comme cet incendie incontrôlable qui se propage le long des bourrasques et des rivières devenues rouges : il dévaste, puis il régénère.

Comme lors de vos promenades le long de la mer, sur les sentiers côtiers ou les estrans que vous parcourez à cinq, vos pas foulent le sable et le froissent, chacun suivant son rythme, traçant ses sillons. Comme les rigoles que forme la marée quand elle retourne vers les vagues, chacun à leur manière, certains ruisselets atteignent l'eau rapidement, maintenant leur cap tandis que d'autres dévient leur trajectoire autour d'un coquillage, d'un trou formé par un crabe, de tortillons laissés par des vers marins.

L'accident a eu ce pouvoir de laisser s'échapper les sillons de chacun de vous.

Ton père a gardé ce creux à l'arrière de la tête, où ses cheveux ne repoussent plus. Le petit pli au milieu de son cou est invisible pour les yeux ignorants. L'intuition qu'avaient eue les pompiers dès le premier jour, quand ils avaient interrogé ta mère, était bonne : c'est une crise d'épilepsie inexpliquée qui l'a terrassé. C'est ce qu'ont indiqué les examens prescrits par Adel à sa sortie de réanimation.

De fait, ton père ne peut plus faire d'activités qui engendreraient une pression trop importante pour le cerveau, comme la plongée sous-marine ou le saut en parachute. Il prendra à vie un traitement anticonvulsivant, remplit des questionnaires destinés à établir des statistiques tous les deux ou trois ans. Et il est là, plus vivant que jamais. Tu as l'impression que la pudeur que revêtaient auparavant ses sentiments s'estompe peu à peu. Quel qu'en soit le propos, il signe tous ses messages par ses initiales et ne ponctue ses textos qu'avec des points de suspension. Comme ta mère qui glisse encore un sachet de lavande entre tes draps ou tes vêtements quand elle sait que tu reviens, lui réussit à toujours incorporer entre ces trois petits points toute sa tendresse et son amour. Il te semble que c'est la seule personne au monde qui sache intercaler autant d'affection dans si peu d'espace.

Ta mère a repris son souffle, s'est découvert un courage et une capacité de résilience qu'elle n'aurait jamais pu imaginer. Elle est ton phénix, ta combattante, ton aigle. Elle n'a pas pu tout maîtriser, mais elle a tout accueilli.

Près de la maison celtique, les vagues roulent, s'élèvent et atterrissent sur les galets dans un bruit sourd et creux, formant comme une mousse de neige. Ce spectacle t'apaise. Toi aussi, tu as pris l'habitude de t'y rendre fréquemment.

Un des livres préférés de tes parents, c'est *Le Sel de la vie* de Françoise Héritier. Révérer cette ode aux petits riens qui rendent les existences douces malgré les tempêtes et les courants, c'est aussi ce qu'ils ont essayé de vous inculquer, plus les années passent et mieux tu le comprends. Ils s'émerveillent de leurs joies quotidiennes, encore plus maintenant. Bientôt, vingt années se seront écoulées depuis l'accident.

C'est aussi, finalement, le temps qu'il aura fallu à tes mots pour apparaître à travers la brume. En roulant vers cette maison, tu as fini à la longue par connaître exactement le point précis, le petit angle où les étincelles de bleu salé jaillissent en un drap majestueux, posé parfaitement à plat sur la côte. Les jours de grisaille la mer se dissimule, embusquée, mais elle t'éclate au visage quand le ciel entier triomphe, laissant même apparaître la petite île qui se trouve au loin, perchée sur les flots.

Désormais, tu as l'impression qu'à tes côtés, sur le siège passager, la petite fille que tu étais t'accompagne vers ce lieu qu'elle ne connaît pas.

Tu t'es souvent demandé pourquoi vous n'étiez pas partis plus tôt habiter au bord de la mer. Aujourd'hui tu sais que c'est sans doute pour avoir toujours la permission d'y revenir.

Il te restera à nager en plein océan et à ne plus voir que l'horizon ; une fois égarée, flottant entre les ondées, ne pas couler mais ne pas dériver non plus, admirer ce nuancier de vert bleu noir, écarter davantage tes bras qui s'agitent doucement. Les battements de ton cœur ralentissent, tes seins sont dressés vers l'azur. L'air au-dessus de l'eau file et t'effleure.

Peut-être que la mémoire est faite de maisons. Celle-ci observe vos repousses, assiste aux naissances, célèbre les anniversaires. Entre ces murs réparés, tu retrouves tes carnets d'il y a quelques étés. Tu revois la nappe qui avait récolté les pleurs.

En Algérie, le président Bouteflika a fini par instaurer l'obtention de droit de la carte militaire par tous les médecins exerçant à l'étranger, les exemptant ainsi du service obligatoire. Délivré, Adel a pu multiplier les retours chez lui après plusieurs années à exercer à Paris.

Quand sa mère l'a accueilli la toute première fois, elle a d'abord déposé un plateau argenté entre eux, chargé de pâtisseries et de café fumant. Son visage a soudain pris un aspect plus solennel, et elle lui a fait promettre de ne pas lui en vouloir. La bouche pleine d'amande et de miel, Adel a hoché la tête, léger.

Dans un soupir, sa mère a glissé une main sous le divan et en a sorti un petit tas d'enveloppes adressées à Adel, jaunies par le temps et assemblées par une cordelette. Aucune n'est décachetée. L'odeur de fleur d'oranger embaumait le silence de la pièce colorée.

Ce soir le ciel est haut comme un premier jour d'été et tu as envie de le crier. Dans le jardin de la maison, les massifs d'hortensias ont poussé. La mer, elle, n'a pas bougé.

REMERCIEMENTS

Il faut environ trois ans à un bébé requin-lézard – oui, cet animal existe – pour venir au monde. Il en a été de même pour ce livre, depuis les toutes premières pensées jusqu'à l'objet. À l'heure d'en rédiger les dernières lignes, j'ai à remercier celles et ceux qui m'ont aidée à parvenir jusqu'ici. Je n'ai jamais vraiment écrit toute seule.

Aurel, merci pour cette grande aventure. Les courses en forêt, en montagne, au bord de l'eau ; tes yeux qui ont tant relu et ceux qui ne lisaient pas. Merci d'avoir toujours apaisé mes doutes, de n'avoir jamais cessé de croire en « BB ».

Marie Hermann, éditrice-comète grâce à qui tout a commencé, merci pour ta confiance renouvelée, et de m'avoir guidée sur cette route du roman, usant de ton incroyable talent à dévisser les petites roues d'un vélo, pour le pousser vers l'avant juste ce qu'il faut.

Merci aux membres du jury du Centre national du livre pour l'attribution d'une bourse d'écriture.

Merci à mes ami·es, pour leur tendre soutien et leurs « Ça va ton livre ? » comme s'il faisait partie de notre bande. En particulier, pour les premières et dernières relectures, ainsi que les notes vocales infinies envoyées depuis l'autre bout du monde, merci à toi, Nini.

Mes pensées vont aux ami·es de mes parents, présents il y a des années, et encore aujourd'hui. Merci à Annie et à Jean-Claude, pour ce samedi-là ; et à Arnaud, pour ton accueil, et tes mots qui résonnent encore.

Lamine, merci de m'avoir répondu. Merci pour ces heures passées à discuter à l'hôpital, ton accueil chaleureux, ton immense confiance. Je ne l'ai pas dit à l'époque : merci aux équipes de réanimation de la Pitié-Salpêtrière qui ont accueilli ma maman et soigné mon papa. Je mesure ma chance.

Enfin, pour m'avoir laissée remuer leurs souvenirs, je remercie et serre dans mes bras ma famille : mes grands-parents, ma petite sœur et mon grand frère et, bien sûr, ma maman et mon papa. Ces lignes ont été écrites pour vous, je voudrais qu'elles ne disent que cela.

DE LA MÊME AUTRICE

Les Conquérants, Hors d'atteinte, 2021

LES ÉDITIONS HORS D'ATTEINTE

Avant, il nous arrivait d'avoir peur en regardant les infos : aujourd'hui, c'est même le cas quand on regarde la météo.

Beaucoup de ce qu'on croyait acquis tremble ou disparaît – la paix en Europe, le droit d'avorter, les démocraties libérales. Beaucoup de ce qu'on croyait endormi se réveille – les luttes féministes et antiracistes, pour la justice sociale et le climat.

Pour comprendre ce qui nous arrive et ce que nous pourrions faire advenir, nous avons besoin de livres qui se diffusent non seulement en tant que tels, mais irriguent aussi nos débats dans les écoles et les prisons, dans les médias et sur les réseaux sociaux. Nous avons besoin de puiser dans ces refuges de la concentration, du courage, de l'empathie, de l'imagination.

Être féministe implique de se défaire de logiques coloniales, prédatrices, d'accaparement et de domination. Être féministe exige l'égalité et la solidarité entre tous les êtres humains, la dignité de tous et toutes, la défense du vivant, la liberté, l'indépendance et la justice sociale.

Hors d'atteinte est une maison d'édition féministe de fiction et de non-fiction où s'arment les luttes émancipatrices d'aujourd'hui et de demain.

Une grande attention y est portée à ce qui nous précède. Une grande diversité de voix y est représentée. On y regarde la société à travers les yeux de ceux qui ont rarement l'occasion de décrire ce qu'ils voient. On y érige des livres comme des monuments en l'honneur de la dignité des personnes qui les peuplent.

Une dizaine de livres par an, romans et essais, boîtes à outils et partage d'expérience, développement non pas personnel mais collectif » et beaucoup de rencontres.

Ces livres s'adressent à des personnes qui pourraient croire que les livres ne sont pas faits pour elles, et à toutes celles qui s'intéressent à ce qui ne leur ressemble pas.

Lisez, lisez, sinon nous sommes perdus !

Pour suivre nos publications
et vous abonner à notre newsletter :
WWW.HORSDATTEINTE.ORG

Les éditions Hors d'atteinte ont été fondées en mai 2018.
« Dansez, dansez, sinon nous sommes perdus » est une citation de Pina Bausch

À retrouver dès à présent

AUTRICES. CES GRANDES EFFACÉES QUI ONT FAIT LA LITTÉRATURE

La première anthologie de notre époque rassemblant des textes entièrement écrits par des femmes.

Direction d'ouvrage : Daphné Ticrizenis
Illustrations originales : Marie Fré Dhal

Tome 1
Moyen Âge-XVIIe
paru en septembre 2022
Préface : Titiou Lecoq
416 pages · 17 x 24 cm · 27 €

Tome 2
XVIIIe-XIXe
paru en septembre 2023
304 pages · 17 x 24 cm · 26 €

Tome 3
XXe à nos jours
à paraître en septembre 2026

À retrouver dès à présent

ET MON PÈRE UN OISEAU ?

Bruno Le Dantec
Janvier 2024

Maintenant tu es debout, ta belle tête bien haute dans la lumière crue et les ombres tranchées d'un été dans le Sud. Tu n'es pas assis sur un fauteuil roulant, ta main droite n'est pas posée sur ta cuisse comme un moineau saisi par le froid, tu ne jettes plus de regard noir sur un monde devenu indéchiffrable.

Tu es debout, vivant.

Avril 2020. La sidération règne face à un virus nouveau et à un tournant sécuritaire inédit. Dans la cacophonie ambiante, un tri qui ne dit pas son nom s'opère à l'hôpital public et des gens meurent seuls puis sont enterrés sans cérémonie.

Bruno Le Dantec, auteur notamment de *La Ville-sans-nom. Marseille dans la bouche de ceux qui l'assassinent* (Le Chien rouge, 2007) et de *« Dem Ak Xabaar ». Partir et raconter : récit d'un clandestin africain en route vers l'Europe* (avec Mahmoud Traoré, Nouvelles éditions Lignes, 2012), voit partir son père sans pouvoir lui dire adieu. Ce livre dessine le portrait d'un homme bon, d'une relation père-fils accidentée et d'une ville aussi bariolée qu'imprévisible. Il chronique enfin ce qu'a signifié vivre et mourir sous couvre-feu sanitaire, interroge ce que cela dit de notre humanité et n'en oublie pas moins de célébrer la liberté.

À retrouver dès à présent

LA POSSIBILITÉ D'UN ENFANT

Catherine Laurent
Février 2024

J'aurais aimé être enceinte du même enfant avec elle. Ressentir ce qu'elle ressentait. J'étais une femme qui attendait un enfant sans le porter et c'était absurde et c'était faux et c'était vrai. Ce n'était plus mon sang qui circulait dans mes veines : c'était un sang sauvage.

France, années 1980 : le sida fait rage, l'homosexualité reste un immense tabou.

Camille rencontre par hasard une femme dont elle tombe très amoureuse ; rapidement, elles s'annoncent qu'elles voudraient un enfant. Trente ans avant la loi autorisant le mariage pour tous, la réalisation d'un tel projet nécessite une grande quantité de rêve, de hasard, d'amour et de détermination – puis, un jour, l'enfant est bel et bien vivant.

Catherine Laurent a travaillé en milieu psychiatrique, expérience à l'origine de son premier roman, *Les Criants* (Seuil, 2002), mais aussi en tant que maquettiste. Elle a participé à l'ouvrage collectif *Scintigraphie au noir* (Gallimard, 1997) puis publié *Il est parti* (La Cause des livres, 2007, prix Marguerite-Audoux).

À retrouver dès à présent

UNE FILLE SANS HISTOIRE

Tassadit Imache
Avril 2024

Tant de fois elle avait tremblé à l'idée de se fendre en deux morceaux avides d'en découdre. La France et l'Algérie. Un temps, elle avait cru trouver refuge à l'école, là où l'Histoire, quand elle est insoutenable, n'est pas écrite dans les manuels. Elle n'y avait pas appris pourquoi, lorsque la mère donnait le nom du père, les lèvres se scellaient, les regards se troublaient, les mots sifflaient. Elle n'y avait rien entendu sur presque un siècle et demi de colonialisme. Et sa mère, elle-même, l'avait si tôt encouragée à oublier, caressant ses tempes et baisant ses mains chaque fois qu'elle triomphait de l'angoisse.

Fille d'Ali et d'Huguette, Lil, qui est née en banlieue parisienne pendant la guerre d'Algérie, se veut une fille ordinaire. Mais quand son enfance ressurgit, elle se retrouve confrontée à la haine et à la violence passées. Son récit peut-il reconstruire les vies des siens, sauver leurs visages voués à l'oubli, reconnaître ce qui a eu lieu ? sur son parcours, les mots s'accrochent. Lil devra habiter sa propre histoire.

Une fille sans histoire est le premier roman de Tassadit Imache, initialement paru en 1989 chez Calmann-Lévy. *Le Monde* écrivait à sa sortie : « On est saisi de la première page à la dernière page par l'émotion que dégage cette écriture retenue, par la force des images suscitées en des mots justes et simples. » Depuis, Tassadit Imache a publié sept autres romans, dont *Le Dromadaire de Bonaparte* (Actes Sud, 1995), *Presque un frère* (Actes Sud, 2000), *Des coeurs lents* (Agone, 2017), *Fini d'écrire !* (Hors d'atteinte, 2020) et *Le Voyage empêché* (Hors d'atteinte, 2023).

Préface de Faïza Guène ; postface inédite de l'autrice.

À retrouver dès à présent

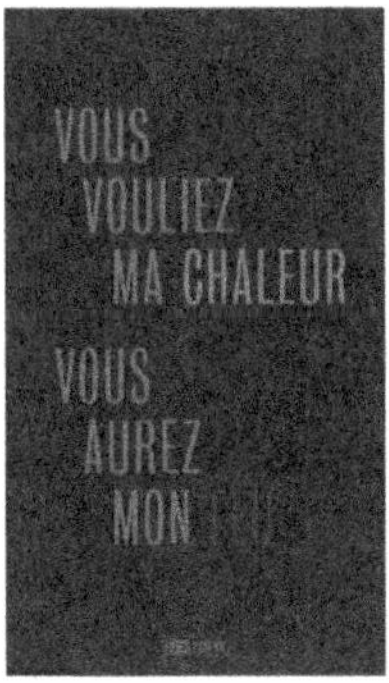

VOUS VOULIEZ MA CHALEUR, VOUS AUREZ MON FEU

Paulo Higgins
Août 2024

Je ne peux pas renoncer à l'idée de vivre comme je l'entends, avec mes fantasmes, ma sexualité, mon corps et mes amours. Je suis au courant que la vie que je mène est bien plus violente que beaucoup d'autres. Mais ce n'est pas de mon fait et je refuse qu'on vienne me dire qu'en choisissant la vérité et la liberté, je choisis la violence.

Ce livre n'est pas le récit d'une transition, mais d'une vie trans. Il parle depuis la génération qui va vivre, envers et contre tout. Il raconte la difficulté du quotidien, la force de ceux qui restent, les addictions, la solitude, mais aussi tout l'amour qu'on rencontre au coin des rues.

Né à Marseille, diplômé en sociologie, en histoire et en sciences politiques, Paulo Higgins travaille dans le milieu de la santé communautaire et du médico-social ainsi qu'en tant qu'animateur de prévention en santé sexuelle et en réduction des risques.

À retrouver dès à présent

NOS ENFANTS, NOUS-MÊMES

Collectif
Septembre 2024

La condition parentale est à la fois plus ingrate et plus gratifiante que ce qu'on croit. Naviguant entre peurs et joies, don de soi et mouvement de décentrement, convictions et doutes, câlins, jeux, arbitrages et négociations, celles et ceux qui accompagnent des enfants, au-delà d'inévitables moments de découragement, préparent aussi activement le monde de demain.

Dans la lignée du grand classique féministe *Notre corps, nous-mêmes*, *Nos enfants, nous-mêmes* a été publié pour la première fois aux États-Unis en 1978 et adapté en français en 1980. De l'accouchement à l'adolescence en passant par la PMA, la coparentalité ou les violences faites aux enfants, ce guide de parentalité féministe fournit des réflexions et des outils concrets en s'appuyant sur les expériences de très nombreux parents et personnes accompagnant des enfants.

Il a été écrit par un nouveau collectif formé de Lucie Beguin, Perrine Benoist, Violaine Dutrop, Anaïs Le Brun-Berry, Laetitia Latapy, Héloïse Simon et Goundo Diawara, avec la participation de Fatimata Diagana.

Achevé d'imprimer en novembre 2024 sur les presses de
La Sepec numérique

Pour le compte des éditions Hors d'atteinte
42, rue Saint-Saëns 13001 Marseille

Ce livre est le 53e à y paraître.

Diffusion et distribution en France, en Belgique, en Suisse
et au Québec :
Harmonia Mundi Livre
Mas de Vert – CS 20150
13631 Arles Cedex
Tél. +33 (0)4 90 49 58 05
adv-livre@hmlivre.com

Dépôt légal janvier 2025
Imprimé en France Certifié PEFC

PEFC
10-31-3532